Isabelle Ghestem

Il s'en fallut d'un rien...

Isabelle Ghestem

Il s'en fallut d'un rien...
Psaume 73.2

Éditions Croix du Salut

Impressum / Mentions légales
Bibliografische Information der Deutschen Nationalbibliothek: Die Deutsche Nationalbibliothek verzeichnet diese Publikation in der Deutschen Nationalbibliografie; detaillierte bibliografische Daten sind im Internet über http://dnb.d-nb.de abrufbar.
Alle in diesem Buch genannten Marken und Produktnamen unterliegen warenzeichen-, marken- oder patentrechtlichem Schutz bzw. sind Warenzeichen oder eingetragene Warenzeichen der jeweiligen Inhaber. Die Wiedergabe von Marken, Produktnamen, Gebrauchsnamen, Handelsnamen, Warenbezeichnungen u.s.w. in diesem Werk berechtigt auch ohne besondere Kennzeichnung nicht zu der Annahme, dass solche Namen im Sinne der Warenzeichen- und Markenschutzgesetzgebung als frei zu betrachten wären und daher von jedermann benutzt werden dürften.

Information bibliographique publiée par la Deutsche Nationalbibliothek: La Deutsche Nationalbibliothek inscrit cette publication à la Deutsche Nationalbibliografie; des données bibliographiques détaillées sont disponibles sur internet à l'adresse http://dnb.d-nb.de.
Toutes marques et noms de produits mentionnés dans ce livre demeurent sous la protection des marques, des marques déposées et des brevets, et sont des marques ou des marques déposées de leurs détenteurs respectifs. L'utilisation des marques, noms de produits, noms communs, noms commerciaux, descriptions de produits, etc, même sans qu'ils soient mentionnés de façon particulière dans ce livre ne signifie en aucune façon que ces noms peuvent être utilisés sans restriction à l'égard de la législation pour la protection des marques et des marques déposées et pourraient donc être utilisés par quiconque.

Coverbild / Photo de couverture: www.ingimage.com

Verlag / Editeur:
Éditions Croix du Salut
ist ein Imprint der / est une marque déposée de
OmniScriptum GmbH & Co. KG
Heinrich-Böcking-Str. 6-8, 66121 Saarbrücken, Deutschland / Allemagne
Email: info@editions-croix.com

Herstellung: siehe letzte Seite /
Impression: voir la dernière page
ISBN: 978-3-8416-9848-3

Copyright / Droit d'auteur © 2014 OmniScriptum GmbH & Co. KG
Alle Rechte vorbehalten. / Tous droits réservés. Saarbrücken 2014

POUR MOI, IL S'EN FALLUT D'UN RIEN…

Ma vie est devenue riche de Dieu et il me presse d'écrire ce fil que mon Sauveur a tissé et qui m'attache pleinement à Lui.

Je suis à l'aube de mes 47 ans et depuis peu j'apprends à regarder et à chercher la présence de Dieu dans les petits détails qui parfois nous semblent sans importance ou juste une accumulation de faits qui se croisent, au hasard de notre vie mais depuis bien longtemps je suis convaincue qu'il n'y a pas de hasard !

Les jours de notre vie passent et ressemblent à la poudre des ailes d'un papillon : chaque grain de couleur s'unit et se tisse l'un à l'autre pour former au final un dessin sur chaque aile de toute beauté. Son éclat resplendit lorsque l'aile se déploie à la Lumière !

J'ai reçu le baptême par immersion, le 20 novembre 2011, ainsi que mon mari. Ce jour-là, nous témoignions par un court récit du miracle de la restauration de notre couple par Jésus, notre Sauveur, alors que le divorce allait être prononcé. Pat, l'époux de ma jeune nièce, m'exprime avec enthousiasme : « Tu devrais écrire ce témoignage ». En rentrant ce soir-là, j'ouvre le livre de « Méditations quotidiennes pour le couple » de Gary Chapman que ma sœur vient de m'offrir et je lis, à la page de ce jour, ceci : « **Cherche à être juste, sois fidèle à Dieu. Vis avec foi, amour, patience et douceur. Combats le beau combat au service de la foi, afin de vivre avec Dieu pour toujours. C'est pour cette vie qu'il t'a appelé. Tu as reconnu cela le jour où tu as affirmé ta foi devant beaucoup de témoins** » 1 Timothée 6.11-12. Ce verset rempli d'amour, reçu à ce moment précis, est la réalité de mon aspiration et de mon engagement pour Dieu.

Le mois suivant je rencontre Tim un jeune missionnaire, d'origine anglaise, revenant du Cambodge avec quelques enfants de ce pays. Ma sœur l'a hébergé pour quelques jours. C'est son dernier jour en France et je désire l'inviter autour de la table, ainsi que le groupe de Cambodgiens, avant leur départ ! Durant le repas, Tim exprime le souhait de connaître comment j'ai rencontré le Seigneur. Je témoigne donc à nouveau ce qui s'est passé récemment dans ma vie. Il traduit simultanément en anglais aux jeunes Cambodgiens afin de partager ce récit. Après une heure de partage, il me dit avec un enthousiasme intense: « Tu devrais l'écrire ».

Je trouve cela étrange que deux personnes, en un temps rapproché, m'incitent à écrire mon témoignage ; je me mets alors à questionner notre Sauveur en lui demandant secrètement: « Seigneur, si tu veux que j'écrive, révèle-moi par une troisième personne si c'est bien cela ta volonté ».

Je me rends au culte le dimanche, dans l'église où le Seigneur nous a placés depuis notre appel. A la sortie, je partage à un ancien de l'assemblée, l'extraordinaire verset que j'ai reçu au jour précis de notre baptême. A son tour il prononce : « Tu devrais écrire tout cela ». Je reste comme stupéfaite en entendant ces mots ; je viens d'obtenir la réponse à ma prière secrète et sans m'y attendre, car cet ami connaissait déjà mon témoignage.

Les jours passent et bien que cette idée d'écriture ne me quitte pas, je me sens perturbée par un combat intérieur, comme une force du mal qui parle en moi. Je ne peux contrôler les propos que celle-ci déverse ; elle est apparue dans mes souvenirs à l'approche de notre baptême.

Nous sommes au mois de mars et ce matin-là, le rêve que j'ai fait durant la nuit me revient à l'esprit :

« Je me tenais dans un endroit sombre et rempli de monde qui ressemblait à tous ces salons ou forums que l'on parcourt à l'occasion. Une femme en proie au mal m'apparaît, vêtue d'un costume jaune (identique à la couleur de la voiture de l'homme que j'avais introduit dans ma vie par tromperie du malin). Ces deux individus se connaissaient d'ailleurs très bien. Je sentais aussi la présence de cet homme, mais je ne le voyais pas dans mon rêve. L'esprit du mal rodait, je me sentais très affectée et mon désir était de fuir cette femme et de m'en détourner. Je franchissais une porte et me retrouvais dans une salle lumineuse où se tenait un homme sur une petite estrade. Ses paroles me rendaient sereine ; l'assurance et la joie me saisirent. Alors que je lui exprimais que j'avais un témoignage de ce que le Messie avait fait dans ma vie, il me tendit un livre et me demanda de l'écrire pour pouvoir le partager. Saisissant le livre, je me retrouvais dans une grande hutte ouverte n'ayant pas de mur, mais juste un toit de paille, remplie de grandes tables et de bancs ; il faisait bon et ça sentait les îles !
Je feuilletais le livre qui contenait de nombreuses pages blanches, sauf deux : sur l'une un message écrit en anglais et sur l'autre quelques mots en français. Je me suis mise alors à réfléchir à la façon dont j'allais commencer à écrire mon témoignage, et ma peur du début du rêve s'effaça ! »

Toute la journée, ce rêve me travaillait l'esprit : il correspondait parfaitement à ce que je vivais et à ce que j'avais été appelée à faire. Il commençait par le combat intérieur qui existait en moi depuis peu, et au fil de la journée les liens avec les trois personnes qui m'ont encouragée à écrire se dessinaient, à savoir : Pat, guadeloupéen et la hutte dans les îles ; Tim, d'origine anglaise, et le message écrit en anglais sur une page du livre ; et l'ancien de l'assemblée pour les quelques mots en français sur l'autre page. Et la dernière chose importante : ce livre qui m'avait été tendu par cet homme à la parole apaisante, figure du Seigneur, me révélait par la même occasion, comment débuter ce qu'il fallait vous écrire…

Table des Matières

POUR MOI, IL S'EN FALLUT D'UN RIEN… 1

CHAPITRE 1 9
    Ma naissance 9
    Mon enfance 9
    Mon adolescence 10
    La rencontre..10
    Brève rupture 11
    Notre mariage 12
    Première naissance 14
    Et les enfants se suivent 15
    Leurs baptêmes 15
    Education catholique 16
    Etre mère au foyer 17
    Un nouveau désir 18
    Une grande maison 19
    Ma façon d'être 20
    La danse..20
    Eveil à la foi 20
    Fin de la religion 21
    Premier doute 21
    Deuxième doute..22
    Piercings 23
    Cancer du col de l'utérus..23

CHAPITRE 2..25
    Nos vingt ans de mariage 25
    Une journée de tempête..25
    La fête de la musique 26
    Une journée de tempête (suite)...27
    Des explications 27
    Croisière en Norvège 28
    La salle de fitness 28
    Une relation 29
    Envie de courir 30
    Nouvelles vacances 30
    Une phrase qui résonne 31
    De la poésie 31
    La fracture 32
    Doute 33
    Mais qui est-il ?..33

Une erreur	34
Un appel	35
Le baiser	35
Le lendemain	36
Mon premier marathon	36
Course cycliste	38
La salsa	38
Mauvaise surprise	38
Toujours et encore !	39
Mon second marathon	40
Et nos enfants ?	40
Des menaces	41
Deux ans de déchirement	41
Congrès en Martinique	42
Stage de vélo sur la cote d'azur	43
Un cadeau « empoissonné »!	43
Séparation	44
Avocat	45
La fête des mères	45
Une compétition sportive dans les dunes !	46
Le mariage de ma nièce	46
Un nouveau Didier	50
Inscription pour le marathon de Londres	50
Vacances en Egypte	51
Deux faits qui m'effraient	52
Torture	53
La Guadeloupe	53
Rencontre avec ma sœur	54

CHAPITRE 3 .... **55**

La veillée	55
Le repas	55
La semaine suivante	56
Un mail	58
Rencontre du pasteur et de sa femme	59
Une décision	60
Des remords	64
La grâce de Dieu	64
Un nouvel être	66
Un témoignage à écrire	67
Tout s'accélère	69
Une faim intense	70
Les livres se suivent !	74

Un pas de plus 74
Du côté de mon ami 75
Une semaine au ski ! 76
Retour à la vie commune ! 77
Rencontre chez ma sœur 79
Le dernier marathon 79
Repas en commun 84
Désir de se faire baptiser 86
Que devient mon ancienne relation ? 86
Notre Baptême... 90
Rencontre de Tim. 94
La confirmation 95

CHAPITRE 4... 97
Découverte de l'action de l'ennemi 97
La présence de Dieu 101
Deux grandes questions 104
La faille de notre mariage.. 105
Ce que Dieu m'a fait saisir ! 107
Révélations de Didier 110
Le tourment 116
Un doux châtiment 117
Voyage en Israël 119
J'ai des murs à abattre ! 120
Et notre union ? 123

BIBLIOGRAPHIE... 125

CHAPITRE 1

Ma naissance

Je suis née au mois d'Avril dans les années soixante, dans une famille très modeste. J'ai déjà deux sœurs et un frère. Deux autres frères s'ajouteront à la fratrie quelques années plus tard. Mon père travaille en tant que comptable et durant son temps libre, il jardine pour subvenir aux besoins alimentaires de la famille. Ma mère nous élève et s'occupe de la maison, elle n'a pas d'activités à l'extérieur !

Mon enfance

Sur le plan religieux, nous recevons une éducation « catholique », mais ma mère ne m'accompagne jamais à l'église et mon père ne s'exprime pas à ce sujet !

Pourtant, c'est au catéchisme que je découvre la crainte de Dieu, je suis convaincue qu'Il a un regard sur tout ce que je fais. Lorsque les Dix Commandements de Dieu me sont révélés par l'abbé de l'époque, je reste, je crois, comme marquée de ce qui vient de s'inscrire pour ma vie future !

C'est un délice aussi de découvrir la vie de Jésus, au travers de ce que l'abbé nous décrit. J'aime entendre ces paraboles et tout ce qu'il a fait pour le peuple qui l'entourait, Jésus a vraiment quelque chose d'attirant !

Je fais aussi partie de la chorale de l'église de notre village, me rendant aux répétitions et à la messe chaque dimanche. C'est un plaisir pour moi jusqu'à ce que je découvre que finalement, la messe ressemble à un rituel très protocolaire qui me lasse.
Je suis une enfant timide. Bien que j'aie deux sœurs plus âgées que moi, je ne joue quasiment jamais avec elles. Je suis davantage amenée à me défendre de mes trois

frères. Ma position dans la famille ne résout en rien mes peurs, mes pleurs ; je crains mon père, mais ma mère est remplie d'amour pour moi, et mes parents s'aiment, cela me suffit pour avancer dans la vie.

Mon adolescence

Comme je suis sportive, à l'âge de quinze ans, mon père accepte que je fasse de l'athlétisme ; je m'inscris dans un club proche de mon village. Le dirigeant me semble être un homme bon et passionné. Dans ce groupe, tout le monde se connaît. J'ai plus l'impression de m'y amuser que de pratiquer l'athlétisme comme je me l'imaginais. Ce sport occasionne de nombreuses compétitions et entraînements. Je commence ainsi à m'éloigner régulièrement du cocon familial par ce biais.

C'est là aussi que je découvre le monde avec son lot de drague, de jalousie et de rivalité. Un homme du club se met à « rôder » autour de moi. Je n'ai que 15 ans et lui est déjà professeur des écoles ; il est pressant, collant et me fait peur !

La rencontre

Un événement se prépare au sein du club : une boum !
C'est avec crainte et timidité que je demande l'autorisation de sortie pour cet événement. Mes parents me l'accordent, parce que ma sœur aînée, inscrite dans le même club, sera présente avec moi ; d'ailleurs, je dépends d'elle pour le retour tardif dans la nuit !
Ce soir-là, l'homme que je redoute est présent, mais une autre rencontre inattendue se produit : celle du fils du dirigeant du club, âgé de 18 ans. Je l'avais déjà croisé plusieurs fois, mais je n'avais jamais discuté avec lui, ni même accroché son regard. Il est là dans la salle, assis seul, et il a l'air de s'ennuyer. Fuyant l'homme collant, je me sens poussée vers lui, moi, la fille timide. Nous passons la soirée ensemble, à danser et à discuter, une flamme inhabituelle naît en moi. Rien ne laissait prévoir une

suite, car pas même un baiser ne nous avait unis. De plus, nous ne fréquentions pas le même lycée, mais une de mes amies, élève de son établissement, établira le lien entre lui et moi par la suite!

Hasard, chance… je n'y crois pas, je n'y vois aujourd'hui que la main de Dieu dans cette rencontre, Didier est l'homme que Dieu m'a choisi!

Je me sens toujours bien à ses côtés, il m'apprend beaucoup de choses ; j'obtiens mon BAC grâce à son soutien et aux explications qu'il me donne lorsque je suis dépassée. Auprès de lui, je suis une fille de la campagne, mais j'ai envie de me laisser apprivoiser, et je ressens la sécurité qu'un homme peut apporter à une faible et jeune femme.

Brève rupture

Pourtant au bout de quelques mois, il met fin à notre relation sans aucune raison. Cet après-midi-là, je rentre chez moi en pleurs m'effondrant dans les bras de ma mère, qui se met à pleurer autant que moi, mais ses mots sont rassurants. Notre rupture ne durera que quelques jours.

Cet événement marquant est révélateur de l'amour que je lui porte, je ne m'imagine plus sans lui. Pourtant, et suite à cet incident, un gaillard du club d'athlétisme, appréciant peu Didier tente de s'approcher, par la force, un peu trop près de moi, tout en me taquinant. Il m'emmène dans un endroit isolé et tente de m'embrasser. Je ne veux rien de la sorte avec ce garçon, mais j'espère juste que Didier le voit ; qu'il comprenne que rien n'est jamais acquis, même en amour ; qu'il doit prendre soin de moi, et ne jamais recommencer ce qu'il vient de me faire vivre par cette rupture. Durant mon année de terminale, et juste avant mon BAC, Didier m'encourage à passer le concours d'entrée à l'école d'infirmière, que je réussis. Je poursuis mes études dans cette direction sans vraiment réaliser quelles sont les difficultés de ce métier. Seule l'image de la personne apportant aide et réconfort au malade me permet de m'engager dans cette voie !

L'année suivante, durant un stage obligatoire à l'hôpital, un membre du personnel me courtise et me donne un rendez-vous dans un parc pour nous promener. Sans réaliser ses intentions, par naïveté, ma difficulté majeure étant de répondre non, je m'y rends pour nous balader et discuter. Face à cet homme que je connais à peine, ma conscience me montre, par une personne que je croise et qui me connaît, que je ne suis pas à ma place aux côtés de cet individu, surtout lorsque cet homme tente de me prendre par la main ! C'est au deuxième rendez-vous que je renonce à m'y rendre sans même le prévenir, car la peur me saisit. Je ne veux pas entraver la relation d'amour que j'ai avec celui qui deviendra mon mari.

Notre mariage

Six années se passent avant de nous unir par les liens du mariage, j'ai 21 ans.

Sur notre faire-part de mariage nous faisons inscrire ceci : « Si on me presse de dire pourquoi je t'aime, je sens que cela ne peut s'exprimer qu'en répondant « parce que c'est toi parce que c'est moi » ».
Ni lui, ni moi n'avons de doute sur notre union.
Ce samedi-là, un tapis blanc de neige recouvre le parvis de l'église et le soleil présent lui donne de l'éclat. J'ai trente minutes de retard involontaire, marquant ce jour que je veux inoubliable : nous nous engageons pour toute une vie et devant Dieu, c'est en tout cas ainsi que je le vis !
La cérémonie commence par la lecture d'une lettre de l'apôtre Paul aux Corinthiens:

« Frères,
Parmi les dons de Dieu
Vous cherchez à obtenir ce qu'il y a de meilleur.
Eh bien, je vais vous indiquer une voie supérieure à toutes les autres.
J'aurais beau parler toutes les langues de la terre et du ciel, si je n'ai pas la charité, s'il me manque l'amour, je ne suis qu'un cuivre qui résonne, une cymbale retentissante.
J'aurais beau être prophète, avoir toute la science des mystères et toute la connaissance de Dieu, et toute la foi jusqu'à transporter les montagnes, s'il me manque l'amour, je ne suis rien.
J'aurais beau distribuer toute ma fortune aux affamés, j'aurais beau me faire bruler vif, s'il me manque l'amour, cela ne me sert à rien.
L'amour prend patience
L'amour rend service
L'amour ne jalouse pas ;
Il ne se vante pas, ne se gonfle pas d'orgueil ;
Il ne fait rien de malhonnête ;
Il ne s'emporte pas ;
Il n'entretient pas de rancune
Il ne se réjouit pas de ce qui est mal,
Mais il trouve sa joie dans ce qui est vrai ;
Il supporte tout, il fait confiance en tout,
Il espère tout, il endure tout.
L'amour ne passera jamais. »

Durant la célébration du sacrement, une phrase prend une importance capitale, lorsque le célébrant prononce :
« Vous allez vous promettre fidélité. Est-ce pour la vie ? »
Et nous avons répondu :

« Oui, pour toute notre vie »

La fidélité représente une valeur primordiale de notre union, celle à laquelle on ne peut faillir. Je sais au fond de moi que cela me fait peur, et je ne supporterai pas la tromperie. Mais l'heure est à notre bonheur. C'est avec joie que je reçois de mes sœurs et mon beau-frère la Bible. Elle restera durant de nombreuses années sur ma table de mon chevet, sans que j'éprouve le besoin de la lire, mais elle est là, juste à côté de moi.

Première naissance

Avant mon mariage, j'obtiens le diplôme d'infirmière et ne rencontre pas de difficulté à trouver un emploi.

Didier fait des études de médecine, j'ai conscience de devoir consentir à quelques sacrifices pour lui permettre d'obtenir son diplôme. Nous prenons donc la sage décision d'attendre que Didier soit dégagé de son premier niveau d'étude et réussisse l'internat de médecine, pour avoir un enfant.

Nous vivons avec de faibles revenus et sommes vigilants aux dépenses pour ne pas s'endetter. Je veux à tout prix cesser mon activité pour me consacrer aux futurs enfants. Notre première fille naît le jour des résultats de l'internat de Didier, examen qu'il obtient avec succès.
Les actions de ma sœur M. m'interpellent sans cesse, même si je ne la comprends pas toujours, je l'observe comme un modèle secret. C'est une femme engagée, ayant foi en Dieu et tous les prénoms de ses enfants sont bibliques. Même si ma foi est beaucoup plus réservée que la sienne, sans vouloir la copier, il me semble important que mes enfants portent aussi un prénom ayant du sens à mes yeux. Je parcours alors

le glossaire de la Bible comme à la recherche d'un trésor pour ma fille qu'elle gardera toute sa vie ; notre choix s'arrête sur Sarah.

Je deviens maman à temps plein. Didier, toujours occupé par ses études, se révèle un père qui n'apprécie guère changer les couches et s'occuper de notre fille aux cordes vocales plutôt aiguës.

Le jour de ces neuf mois, je confie l'enfant à son papa pour préparer le repas. Il ne se passe pas cinq minutes que notre fille tombe du fauteuil. Didier n'a pas su poser un regard attentif sur elle, ce que je ne pouvais lui dispenser à ce moment-là. Paniquée, voyant mon enfant somnolente, nous partons aux urgences s'assurer qu'elle n'a rien !

Face à cet incident, le comportement de Didier me semble très étrange et difficile pour moi à accepter : il refuse catégoriquement que j'évoque auprès de mes proches cet accident, comme s'il ne supporte pas l'idée de se sentir coupable de cet acte, qui doit passer sous silence.

Et les enfants se suivent

A la question qu'un jour sa mère lui pose sur le nombre d'enfants qu'il désire, il crie fort : « quatre filles me conviendraient, plutôt que quatre garçons »

Deux autres filles, Esther et Marie, viennent en effet agrandir notre famille !

Leurs baptêmes

Toujours selon ce que j'ai reçu de la religion, qui est aussi une conviction, je désire faire baptiser mes filles mais quelque chose commence à me chagriner.

L'enthousiasme de Didier pour Dieu, que j'avais ressenti lors de notre mariage, commence déjà à décliner ! Il ne veut pas s'investir à mes côtés pour leur baptême. Lors des réunions de préparation, les propos des gens qui ont fait la même demande que la nôtre pour leur enfant, me troublent et me gênent.
Tous évoquent le fait de faire une fête pour leur enfant et personne ne parle de Dieu. Mes mots sont différents des leurs et seule ma foi me pousse à agir ainsi. Mon désir pour mes filles est une première rencontre avec Dieu, j'espère juste que la foi naisse un jour dans leur cœur, comme ce que ma mère a fait pour moi !

Education catholique

Il me semble aussi normal que mes filles suivent le catéchisme, car c'est là que j'y ai découvert la vie de Jésus, qui m'a tant plu et émerveillée.

De même, elles feront leur communion pour recevoir le pain de la sainte cène à l'église, dans la continuité des demandes de la religion. Je le fais en toute sincérité, mais sans vraiment comprendre la profondeur de ce que cela représente, et ne m'intéresse d'ailleurs pas à la réalité biblique de la cérémonie en elle-même. Je ne veux pas que mes filles fassent leur communion pour les cadeaux, comme beaucoup le font, mais par conviction. Pour cette raison, je n'organise pas de grande réception pour l'occasion, mais juste un repas en petit comité. Chacune d'elles reçoit un poème né de mon inspiration !
En voici le tout premier :

« Sarah,
Toi qui as choisi la bonne voie, en faisant ta profession de foi.
Toi en qui je crois, l'amour est en toi
Un joli sourire et de la bonne humeur apporteront à ce jour plein de bonheur,
Avec des rires et sans pleurs, fête, que cet instant se grave dans ton cœur.
Nous sommes tous avec toi pour partager ta joie, et ce repas

Souviens-toi pour toujours en ce que tu crois

L'amour est en toi !

    Maman »

Ces poèmes sont le reflet caché de ce que j'espère pour elles : avoir la foi en Dieu.

Etre mère au foyer

Femme engagée pour mes filles, mon désir profond est de me consacrer entièrement à elles, laissant littéralement tout de côté, le sport et les sorties. Elles me prennent toute mon énergie. Elles sont toutes nées à deux ans d'intervalles et je me fatigue au point que, les années passant, l'envie du quatrième enfant disparaît. Je m'étais mise en tête de ne plus concevoir d'enfant après trente ans pour pouvoir rester une maman jeune et dynamique.

Didier évoquait souvent un moment de sa vie qui l'avait très marqué : durant sa jeunesse, il était très bon élève, mais s'ennuyait énormément à l'école. Il avait les capacités pour un passage en classe supérieure, mais étant né en janvier, les enseignants de l'époque l'avaient fortement déconseillé à ses parents, qui suivirent leur conseil. Pour cette raison, il ne voulait pas que sa fille vive la même chose que lui, étant elle aussi née en Janvier.

Nous livrons bataille pour assouvir le désir de son père et permettre à notre fille d'entrer en primaire avec un an d'avance. Je sens malgré tout que notre petit bout de chou va quelque peu en souffrir, mais je n'ose pas exprimer mon désaccord, quand les choses me déplaisent, et son passage est accepté !

J'ai vingt-neuf ans, un soir, Didier m'annonce : « J'ai une surprise pour toi, si tu veux un quatrième enfant je suis d'accord »

Quoi !! Une grossesse, deux écoles à suivre suite au saut de classe en primaire de notre fille, la maison et la voiture trop petite, cela me semble ingérable. Je réfléchis, prête à dire d'accord : si Sarah ne va pas en primaire cette année pour n'effectuer qu'un seul déplacement, les écoles étant éloignées, ce qui me soulagerait. Mais je ne me sens pas assez forte pour ça et j'abandonne cette idée : nous n'aurons que trois enfants !

Un nouveau désir

Partis en vacances dans le sud-ouest, dans l'appartement de mes beaux-parents, je fête mes trente ans, et me sens pleinement femme. Dans l'euphorie de cette journée, les deux coupes de champagne me font oublier de prendre ma pilule contraceptive et je suis au quatorzième jour de mon cycle…

Ce n'est que le lendemain soir que je m'en aperçois, je commence à développer des angoisses… et si j'étais enceinte…
Pendant quinze jours, la peur d'attendre de nouveau un enfant me tient ; finalement il s'avère que ce n'est pas le cas, je suis soulagée !
Ces deux semaines m'ont bouleversée, le sentiment de soulagement laisse place à la déception. Durant des semaines, je suis intérieurement partagée.
A la tombée d'une nuit, allongée à côté de Didier, une pensée très forte et convaincante s'impose à mon esprit, comme une voix qui me souffle « Fais cet enfant. »

C'est la première fois que je l'entends et je me sens alors habitée par le désir profond d'avoir ce quatrième enfant. C'est la voix de Dieu qui a retenti en moi, j'en suis convaincue. Je ne peux exprimer à Didier ce que je viens de ressentir et le garde comme un secret, de peur qu'il ne me comprenne pas. Je lui exprime juste mon désir de concevoir ce quatrième enfant !

Durant ma grossesse, je cherche un prénom. Comme aux trois premières grossesses, si c'est un garçon ce sera Timothée, pour sa signification : « qui honore Dieu », mais si c'est encore une fille ?

Je demande à ma sœur aînée, convertie depuis quelques années, de me lister des prénoms bibliques avec leurs significations. J'ai toujours ma Bible mais je ne l'ai pas encore lue. Mise à part les prénoms les plus connus, je ne trouve rien qui me parle vraiment.

C'est en feuilletant un livre de prénoms de la bibliothèque, dans les dernières pages, qu'apparaît le prénom de : « Tiphaine : du grec Théophania, manifestation de Dieu » Je n'ai plus d'hésitation, elle ne peut pas s'appeler autrement et par bonheur le prénom plaît à Didier !
Tiphaine voit le jour quatre ans après Marie, six ans après Esther et presque huit ans après Sarah !

Une grande maison

Le temps est venu pour nous de déménager pour la maison de nos rêves : spacieuse pour que nos enfants ne manquent pas de place, un grand terrain pour des arbres fruitiers et un coin où pousseront de bons légumes, un endroit qui respire la campagne pour protéger nos enfants des agressions du monde ! Et c'est exactement ce que nous trouvons: un immense terrain qu'un agriculteur ne veut nous céder qu'à la condition d'acheter les deux parcelles. C'est un gros effort financier, mais la terre à un prix !

Ma façon d'être

Depuis notre mariage, je suis une femme disponible pour mes enfants, négligeant parfois, et de façon inconsciente mon mari, pensant qu'il le supporterait et qu'il retrouverait toute mon attention lorsque nos enfants auront grandi.

Nouvelle maison, nouvelle région, nouvelles occupations… et comme à mon habitude, lorsque j'entreprends quelque chose, je m'investis énormément. C'est dans le jardinage que s'orientent mes investigations : lecture et mise en pratique pour obtenir le meilleur de la terre et pour nourrir de façon saine ma famille, telle est ma vision des choses !

La danse

C'est aussi dans ce nouveau village que je vais pouvoir accomplir un rêve de jeunesse: danser.
Cette expérience m'entrainera aussi dans la découverte du bénévolat et ses aléas. Je m'investis beaucoup pour cette association et donne sans compter, mais cette belle aventure finit un jour par un procès entre son président et moi. Durant de nombreuses années, cet homme, avide de pouvoir n'avait cessé de me mentir. Lors de ma démission, j'ai refusé de lui rendre le dossier comptable. Décision stupide de ma part, je l'avoue, mais les grandes blessures nous poussent parfois à de mauvaises réactions.

Eveil à la foi

L'histoire un peu particulière de la naissance de notre quatrième fille me pousse à être très proche d'elle. Non pas que je l'aime plus que les autres, mais je désire savourer pleinement l'enfant que Dieu m'a donnée, son cœur généreux me comble de bonheur. Je l'emmène alors à l'éveil à la foi ; cela ressemble au catéchisme mais pour les très jeunes enfants. Voyant son enthousiasme, je m'investis dans l'équipe pastorale.

Cette expérience fut très courte. En effet, après plusieurs réunions et formations pour préparer un temps de partage avec les enfants et leurs parents, le jour J venant, les membres de l'équipe m'appellent et s'excusent de ne pas pouvoir être présent. Je me retrouve seule dans l'organisation et la présentation de cette célébration, avec l'impression d'avoir été utilisée, rien de plus. C'est à ce moment-là que je porte un regard négatif sur l'église catholique, qui n'est pas représentative de ce qui m'anime. Décidément, je vais de déception en déception, surtout en m'investissant dans des œuvres qui me semblent bonnes.

Fin de la religion

Je commence à lâcher prise concernant la religion lorsque mes filles entrent au collège. Elles se sentent trop différentes des autres, voir même marginales. Je décide de ne pas forcer mes filles dans ce que propose la religion, ne m'y retrouvant pas moi par rapport au vécu de ce que j'ai appris durant ma jeunesse.

Premier doute

Didier met toute son énergie dans son métier et s'absente souvent. Il se rend régulièrement à des congrès de chirurgie et s'investit aussi auprès de divers laboratoires pour élaboration de matériel plus performant.

Ses absences sont un véritable tourment pour moi pour diverses raisons : avec quatre enfants, je me sens à chaque fois abandonnée lorsqu'il part. Ma crainte des divers moyens de transport, comme l'avion, me fait croire que je ne le reverrais jamais. Comme pour amplifier mes peurs, c'est toujours une guerre entre nous à l'annonce un prochain départ.

C'est à son retour d'un voyage de quelques jours au Maroc que mon attention est attirée sur la facture d'hôtel : il a émis un appel de sa chambre vers un numéro qui m'est inconnu et d'une durée conséquente.

En le questionnant, je sens ses réponses douteuses et il s'empresse de détruire cette facture pour m'empêcher de relever le numéro. Il m'avoue juste que c'est une femme d'un laboratoire qu'il a voulu remercier pour le séjour qu'il venait de faire. Connaissant ma jalousie, il valait mieux pour moi que je ne puisse l'appeler.
Par cette réponse, il retourne la situation en me rendant coupable de jalousie. Comme je l'aime, je préfère donc croire ce qu'il me dit plutôt que de chercher à savoir qui elle est.
Didier m'évince aussi de ses sorties entre personnel soignant. Il faut dire qu'au fil du temps, j'ai pris l'habitude d'utiliser les enfants et ma timidité comme prétextes pour qu'il ne m'encourage pas à m'y rendre. Mais maintenant une petite guerre des nerfs s'installe face aux escapades qu'il fait sans moi.

Deuxième doute

Quelques années passent. Un jour, en allant chercher le courrier dans la boite aux lettres, je me sens comme décomposée à la lecture d'une lettre anonyme écrite de façon très crue, disant : « Isabelle ton mari te fait cocu avec une infirmière de bloc ».

Le choc émotionnel est terrible, mes jambes tremblent, je pleure. Je n'ai qu'une seule envie : hurler ma douleur. Il me faut cependant attendre le retour de Didier pour lui montrer cette lettre. Il n'est qu'onze heures du matin et il ne rentrera qu'en fin d'après-midi, l'attente est interminable !

A son retour, devant mon effondrement, il essaie tant bien que mal de m'expliquer que le milieu médical est un monde rempli de haine et de méchanceté, chose que je ne peux nier. J'ai moi-même souffert dans ce milieu. Il n'est pas le seul à être attaqué, ces pratiques sont même très courantes. Didier s'enflamme de colère, il me promet de retrouver le coupable de cette horrible machination contre lui !

Ma douleur s'estompe avec le temps car ses explications semblent plausibles. Une nouvelle fois, je ne cherche pas à en découvrir plus, laissant le soin à Didier d'éclaircir toute cette histoire. Je ne me sens d'ailleurs pas capable d'affronter la tromperie, si elle existe !

Piercings

Nos filles grandissent et se laissent de plus en plus influencer par la mode. Les piercings sont de plus en plus fréquents et leurs font envies. Je me laisse séduire pour moi-même, voulant à la fois tester les risques pour elles et paraître une maman dans le vent à leurs yeux.

Pour Noël, Didier m'offre alors un piercing au nombril. Quelques mois plus tard, je fais une phlébite de la veine mammaire et l'angiologue me fait une grande frayeur en suspectant un possible cancer du sein.

Les examens se révèlent négatifs, mais je suis contrainte de changer de moyen de contraception en raison de la phlébite !

Cancer du col de l'utérus

Ce changement m'oblige à des visites régulières chez le gynécologue.

Lors d'un contrôle, le spécialiste m'appelle chez moi pour recommencer le frottis qui présente une anomalie : il s'avère que j'ai contracté le Papillomavirus et que je présente un cancer du col de l'utérus.

J'ai quelques notions sur ce virus : différents partenaires sexuels favorisent la contamination. Comment ai-je pu le contracter, moi qui n'ai connu qu'un seul homme ? Je n'ose pas en parler à mon médecin de peur de passer pour une femme infidèle. Aussi, je ne veux pas faire planer de soupçons sur Didier, car ils sont amis et se côtoient au sein du même hôpital. Je vis cette situation avec un sentiment de honte et préfère me refugier dans l'idée qu'après tout, il est peut être possible d'attraper ce virus comme ça.

Après une courte opération, et je ne sais pour quelle raison, je me sens confiante sur les suites opératoires, il ne me reste aucune trace de ce cancer.

CHAPITRE 2

Nos vingt ans de mariage

Les années passent. A ce moment précis de notre mariage et de la vie parcourue ensemble, je ne peux qualifier ce parcours que d'heureux. Bien que mon mari me demande régulièrement de l'accompagner lors de ses congrès, jusqu'à présent je lui ai toujours refusé. Je n'ai jamais voulu confier nos enfants à personne, vivant toujours dans la crainte de ce qui pourrait leur arriver pendant mon absence. Pourtant, l'année de nos vingt ans de mariage, une occasion se présente, trop belle pour être refusée : Didier est invité à un congrès en Martinique. A son grand étonnement, j'accepte de partir avec lui ; mes parents sont d'accord pour s'occuper de nos filles à notre domicile !

Me décharger de mes enfants durant quelques jours représente une véritable étape pour partir avec mon mari qui me le réclame depuis si longtemps.

C'est un voyage que je vis intensément, je me surprends à me sentir très bien et sereine. Les regards que Didier porte sur moi me donnent l'impression qu'il découvre sa femme. Je suis heureuse d'avoir fait ce pas et me sent prête à lui redonner une attention plus particulière ; il exprime si souvent que je me consacre trop aux enfants et pas assez à lui !

Une journée de tempête

Trois mois plus tard, notre fille aînée, ayant besoin du téléphone de son père, lui empreinte bien que celui-ci soit réticent. Durant son appel, elle reçoit un bip lui indiquant que quelqu'un d'autre essaie de joindre son père ; c'est la photo d'une femme qui s'affiche. Intriguée, elle fouille rapidement les appels et messages reçus par son père de la part de cette femme. Elle découvre alors qu'il a une liaison amoureuse avec elle !

Troublée, elle vient me trouver et me demande si je connais la femme qu'elle vient de découvrir. Dans la précipitation, je lui réponds que non. Alors, elle me dévoile les messages et les rendez-vous qu'ils se donnent depuis quelques temps.

Horrifiée par cette idée, je cours au garage retrouver Didier et lui demande : « Qui est cette femme ? ». Il est vrai qu'il me parlait régulièrement d'elle, mais plutôt comme une personne à problème qu'autre chose. Je n'avais même pas mémorisé son nom ; pire encore, nous avions été invités pour la fête de la musique chez elle, avec d'autres personnes que je ne connaissais pas, quelques jours auparavant.

La fête de la musique

Justement parlons en un peu de cette fête !

Il est très rare que j'accepte une invitation de personnes que je ne connais pas, du fait de ma timidité, et Didier me le reproche assez souvent. Pourtant, pour une fois, j'accepte. A croire qu'il fallait que je fasse sa connaissance.

Durant cette soirée, j'ai l'occasion d'observer les invités et je n'en reviens pas des discussions entendues. Apparemment, tous se connaissent très bien. D'après leurs conversations, quelques-uns ont eu des relations intimes entre eux durant leur jeunesse. Leurs propos me semblent déplacés, je ne comprends même pas comment mon mari peut apprécier ces gens-là.
J'ai bien remarqué que cette femme - dont le visage sera affiché sur le téléphone de mon mari - n'osait pas m'affronter du regard. Etant donné qu'elle vit avec un homme depuis longtemps, je n'ai donc pas de raison de me faire une mauvaise idée d'elle.

Une journée de tempête (suite)

Je me retrouve donc face à Didier et lui demande des explications sur ses actes. Je ne suis plus réceptive, tant la douleur m'accable, je suis en train de vivre une horreur. J'ai, à la fois envie de tout savoir et de ne rien entendre. Dans ma tête, tout s'est effondré comme un vulgaire château de sable que les vagues emportent.

Le mariage, la fidélité... quel sens vais-je pouvoir donner à ces valeurs ?

Depuis toutes ces années je ne me suis accordée aucune liberté sexuelle ! Alors pourquoi mon mari se l'est-il permis ? J'éprouvais toujours ce besoin d'amour exclusif et d'intimité entre nous. L'idée qu'il ait posé son regard et ses mains sur une autre femme m'était insoutenable.

Didier me soutient qu'il n'y a rien entre eux, mais cette fois je ne peux le croire ; d'autant que juste après cette découverte, il s'empresse de l'appeler pour la prévenir. Il prend, malgré mon opposition, la décision de la rencontrer pour mettre les choses au point entre eux. Ce rendez-vous ne fait qu'aggraver la situation. La confusion dans mon esprit est à son comble, et cette fois, le doute porte un visage que je connais.

Des explications

En Juillet, les discussions au sujet de cette femme ne cessent de se multiplier. J'essaie de me calmer, de comprendre, et plus je discute plus les explications de mon mari me semblent étranges. Je me demande lequel des deux est normal, car, à plusieurs reprises, Didier insinue qu'il est légitime d'avoir un « jardin secret ». Le problème est que de mon côté, je n'en ai pas et qu'entre mari et femme, il est inconcevable d'avoir des secrets surtout de cette sorte. Ses explications ne m'éclairent en rien sur la dimension de sa relation.

Croisière en Norvège

En août, nous allons en croisière en Norvège avec nos filles, voyage prévue de longue date pour nos vingt ans de mariage ; il n'était pas question de l'annuler, pour ne pas troubler davantage nos enfants. Bien que ce voyage fût fabuleux par la grandeur des paysages qui s'offrirent à nos yeux durant ces deux semaines, mon cœur continue à s'enfler de tristesse ! Cela ne guérit pas. La fin des vacances annonce un retour de Didier à l'hôpital, sachant qu'il reverra régulièrement cette femme, puisqu'elle est infirmière dans son service !

La salle de fitness

Plus les jours passent, plus je rumine, supportant difficilement quand Didier se rend à la clinique. Je deviens comme obnubilée par cette femme : ce qu'ils se disent, ce qu'ils font en secret ; ainsi la tension et l'imaginaire s'accentuant, laissent le champ libre à la déprime et l'amertume. Tout porte à croire qu'il me trompe, sans pour autant que j'en aie la certitude !

J'en arrive même à penser de me pendre à l'arbre que je vois chaque jour de ma cuisine, tant ma blessure grandit de jours en jours. J'ai besoin de me changer les idées, de m'évader.

Depuis plusieurs années déjà, suite à ma démission de l'association de danse, je me suis inscrite dans une salle de fitness. J'y pratique le step avec plaisir, mais je m'intéresse peu aux gens. Pourtant, n'étant pas méfiante, j'ai transmis mon numéro de téléphone à une femme du club, qui le communique à mon insu à un de ses amis inscrit dans cette même salle.

Avant la tempête de ma vie, cet homme m'envoyait des messages, qui m'agaçaient fortement. A plusieurs reprises, j'avais été désagréable dans mes réponses pour le décourager, il avait même cessé de m'importuner!

En septembre, pour je ne sais quelle raison, ses messages reprennent ; au lieu de les rejeter, je lui permets d'entrer en relation avec moi, mon besoin d'amis et de communications s'étant tellement accru face à ma souffrance et à ma solitude. Ainsi, je pense moins à ce que fait mon mari à l'hôpital. Le sport devient l'occasion de m'enfuir loin de mon tourment!

Une relation

Je le vois régulièrement à la salle de sport, et nous nous parlons de plus en plus. Bien que nos discussions soient banales, il me fait rire. Je ne suis pas la seule, car il attire beaucoup de femmes. Naïvement, je pense que tout le monde l'aime bien, parce qu'il a l'air sympa et amusant. En fait, il a un fort pouvoir de séduction dont je n'ai pas conscience à ce moment-là.

Au fil du temps, ses messages deviennent de plus en plus nombreux ; il s'intéresse à tous mes faits et gestes et me raconte toutes ses aventures, jusqu'au jour où je reçois un message qui me trouble ; il est plongeur et me laisse supposer qu'il voyage souvent, il a l'art et la manière de distribuer du rêve, et me propose une escale sur une île paradisiaque. Ma pensée immédiate est : « Eh, tu me dragues là ! » Et cette pensée reste scotchée dans ma tête et donne à mon cœur blessé un nouvel élan, comme quelque chose que j'avais perdu de vue depuis longtemps, un frétillement amoureux…

Un peu plus tard, il désire m'appeler, mon cœur commence alors à battre très fort, car je ne sais comment réagir et surtout quoi lui dire ; l'affolement sentimental que je ressens lui permet de s'en sortir à la perfection. Je suis en train de me laisser charmer, comme dans le conte de Grimm où le joueur de flûte d'Hamelin a su le faire avec les rats et les enfants!

Très vite aussi, je m'aperçois qu'il raconte les mêmes faits par texto aux autres femmes du club. J'ai alors le sentiment d'entrer en concurrence avec elles, comme si, à la fin, une seule serait choisie.

Envie de courir

Je ne cache pas vraiment à Didier et à nos filles qu'un homme me courtise. J'ai tellement envie, non pas d'avoir une relation sentimentale, mais de montrer à Didier que je ne lui suis pas acquise pour toujours, s'il ne réagit pas. Je veux aussi vérifier si tout ce qu'il m'a dit, pour se défendre, est possible : peut-on connaître l'amitié avec un homme et rien de plus ?... Comme le prétend Didier avec son infirmière ! Malgré cet état d'esprit, je commence vraiment à prendre des distances avec Didier. Je suis ailleurs, je pense à cet homme et attends ses messages. Je m'éloigne petit à petit de mon mari que je soupçonne sans cesse de continuer son aventure avec cette femme !

Plus le temps passe, plus j'ai envie d'être avec cet homme. Il court beaucoup et l'idée de rechausser mes baskets pour l'accompagner dans ses courses me séduit.

Nouvelles vacances

La vie continue et nous partons de nouveau en vacances, au Maroc cette fois. Bien que la semaine soit agréable, je suis prise dans un engrenage. J'attends des messages de mon ami, mais ils ne sont pas nombreux, car il est en formation sur Paris (j'apprendrais bien longtemps après qu'une femme de la salle de sport qu'il côtoyait, était elle aussi sur Paris durant la même période, coïncidence surprenante!) Je cours un peu avec Didier pour lui montrer aussi ma décision ferme de reprendre la course !

C'est en rentrant de vacances que j'affirme ma réelle décision. Pour ne pas éveiller les soupçons sur mes absences, je me mets à mentir à Didier, prétendant que je cours avec plusieurs sportifs et non pas qu'avec mon ami, pour pouvoir le voir. Mes footings sont alors très courts car la reprise est dure. Le reste du temps, je le passe auprès de lui à discuter. Je me sens écoutée et comprise, une grande complicité s'établit entre lui et moi. Je suis sûre, à ce moment-là, qu'il n'y aura entre nous qu'une grande amitié et rien de plus !

Une phrase qui résonne

Cela fait plusieurs années que je fréquente la salle de fitness et avant de me savoir trompée, mon comportement et l'image que je véhiculais, donnaient l'impression d'une femme réservée, sans histoires, mariée, s'occupant de ses enfants ; d'ailleurs, je ne parle quasiment pas et n'essaie même pas de connaître les gens. J'y vais pour pratiquer le sport que j'aime et ne traîne jamais afin de rentrer chez moi au plus vite.

Alors que personne ne sait ce que je suis en train de vivre, la jeune professeure de fitness discute au sujet des hommes qui trompent leurs femmes. Elle s'adresse alors à moi : « Toi, tu ne crains rien, car on ne peut pas faire cela à une femme comme toi ». Pourtant, en moi-même mon cœur pleure ! J'ai juste envie de lui crier : « Tu te trompes, si tu savais... ». Mais pas un son ne sort de ma bouche. J'ai juste un regard de tristesse et suis pressée d'en finir avec cette discussion, car je n'éprouve pas l'envie de dévoiler au grand jour ce dont je suis victime.

De la poésie

Je me suis laissée envahir de pensées pour mon ami. Un soir, alors que Didier est absent, seule dans mon lit, je suis comme tenue en éveil. Des mots, sous formes de poésie, se mettent en place, une phrase, puis deux, trois et quatre. Je ne veux en aucun cas les oublier, elles me semblent si belles. Sans me lever, je saisis un crayon pour les écrire sur un petit bout de papier. J'ai la sensation qu'elles ne viennent pas de moi mais qu'elles m'ont été déposées à l'esprit.

Le lendemain matin, je les envoie à mon ami. Enchanté de ce que je viens de lui transmettre, il me répond que j'ai une plume d'or! Bien sûr, sa réponse est tellement plaisante que je prends le temps d'en écrire d'autres. De son coté il m'envoie lui aussi des poèmes, seulement je découvre rapidement qu'il va chercher ses phrases sur un site internet. Certes un peu déçue, je ne lui dis rien à ce sujet. Je pense juste qu'il veut me faire plaisir et qu'il n'a trouvé que cette solution pour répondre à mes mots… Du coup, ma « plume d'or » s'éteint !

La fracture

Cela fait deux mois que j'ai repris la course. Lors d'un footing, peu de temps avant les vacances de Noël, une violente douleur me prend dans la cheville. Nous sommes trop loin pour que je puisse rentrer en marchant, je poursuis donc avec difficultés cet entrainement. Mais lorsque j'atteins enfin ma voiture, la douleur est telle que je ne peux plus prendre appui sur mon pied. J'enrage, parce que nous sommes à quelques jours d'un départ en vacances pour la Forêt Noire. Occupés par les préparatifs, nous nous retrouvons dans une impasse pour pouvoir envisager une radio de mon pied douloureux et enflé ! Je partirai en vacances sans savoir ce que j'ai. Je reconnais que j'en veux à Didier de ne pas m'avoir accordé toute l'attention dont j'avais besoin, car je dois me priver d'activités sportives à la neige pendant que lui en fait à sa guise. Ce nouvel incident déclenche chez moi de la rancune, qui m'incite davantage à me rapprocher par texto de mon ami.

La douleur se prolonge durant deux mois, mais entêtée, je poursuis les entrainements pour continuer à entretenir ma relation. La guérison se faisant désirer, Didier me confie à un médecin du sport, qui m'infiltre la cheville à trois reprises. Face à la douleur persistante, Didier se décide enfin à proposer une radio. Verdict : fracture de fatigue en cours de consolidation.

Doute

La guérison lente de ma fracture rend la pratique du step impossible. Pourtant, je continue d'aller à la salle de sport pour faire du vélo de fitness avec mon ami. J'aime me retrouver en sa compagnie, car il m'amuse énormément. Je cherche à satisfaire mon besoin d'exclusivité, perdu auprès de mon mari. Cependant, cette ambiance de salle commence vraiment à me déplaire : beaucoup de femmes continuent de tourner autour de mon ami, dont une plus particulièrement (la même qui se trouvait à Paris en même temps que lui). Au fil de l'établissement de notre relation, elle s'était rapprochée de moi, devenant presque une amie, me demandant un soir mon numéro de téléphone. Un jour, alors que je pédale à coté de cet homme, elle se place à l'opposé de moi pour lui parler discrètement, et la réaction de mon ami me frappe ; il agit comme s'il avait quelque chose à me cacher et semble très embarrassé.

Je décide alors d'interrompre mon abonnement à cette salle, espérant bien qu'il en fasse de même pour ne plus voir ces gens, d'autant plus qu'il se prépare pour le marathon de Paris et que je meurs d'envie de le faire moi aussi.

Mais qui est-il ?

Petit à petit, au fil des conversations, durant nos footings, je découvre cet homme qui devient mon ami de cœur.

Il me raconte un peu son histoire qui me semble très complexe. Très naïve, je crois tout ce qu'il me dit, bien qu'au fil du temps, je finisse par comprendre de moins en moins la chronologie et les faits de son passé ! Vivant moi-même très mal ma propre situation familiale, je ne cherche pas à savoir la réalité de ce qu'il me raconte. Il me met en émoi et j'éprouve de la pitié pour lui, pensant qu'il a été victime de beaucoup d'injustices, tout comme celle qui m'accable.

Ce qu'il me laisse entendre de sa vie actuelle avec sa compagne n'est pas très réjouissant non plus. Face à cette situation, j'ai plutôt l'impression de me retrouver devant un homme en souffrance et malheureux. J'ai vraiment envie de lui apporter de la douceur et du réconfort.

Je m'aperçois, hélas, très vite que cet homme ment énormément. Bien que cela me déplaise fortement, je l'excuse sans cesse, pensant qu'il a certainement de bonnes raisons de le faire, comme peut-être la peur d'avouer des erreurs, et qu'il finirait bien un jour par me dire la vérité.

Il fume aussi énormément, mais jamais en ma présence. Cela m'attriste de le savoir prisonnier de cette « drogue ». Depuis que nous nous côtoyons, il a l'air enthousiaste à l'idée d'arrêter le tabac ; cela devient pour moi un challenge de l'encourager dans cette entreprise.

Une autre chose déconcertante : il prétend ouvertement qu'il aime faire mal aux gens. C'est un état d'esprit qu'il a adopté en rapport avec l'affliction de son passé. Pourtant, je ne vois aucune méchanceté envers moi ; il est même trop gentil. Ai-je une influence positive sur lui ? C'est ce que je crois et c'est ce qui m'encourage à poursuivre cette relation.

Une erreur

Je cours régulièrement avec lui. Nous passons toujours un peu de temps ensemble avant de repartir chacun de notre côté. Un jour, en nous quittant, il faillit me donner un baiser. Cela ressemble tellement à un acte involontaire et le plonge dans une telle confusion, qu'il me demande immédiatement pardon. Il ne s'est pourtant rien produit et il me promet qu'il ne se passera jamais rien de la sorte entre nous. Il me révèle par la même occasion que, de toute façon, il est à ce jour incapable de prononcer le mot « je t'aime » quelque soit la femme, parce qu'il ne veut plus s'aventurer dans cette voie. Cela me rassure sur ses intentions !

Un appel

Je reçois justement un appel de cette femme si proche de lui lorsque nous fréquentions cette salle de fitness ; elle désire me parler de lui, car elle le connait bien. Certes, cet homme est charmant et gentil, mais il ne vaut mieux pas poursuivre nos rencontres pour ne pas me plonger dans une mauvaise histoire. Elle me raconte brièvement sa vie et me soutient par expérience savoir où tout cela nous mènera. Même si ces propos me semblent justes, je la considère comme une femme jalouse. A mon avis, elle convoite cet homme que je fréquente et désire se l'accaparer, défendant sa propre cause et non la mienne. Elle me fait peur, non pas à cause du chemin que j'empreinte mais sur ce qu'elle pourrait entreprendre contre moi.

Ce message ressemble pourtant un avertissement que je ne retiens pas.

Le baiser

Les semaines passent. La situation entre Didier et moi ne s'arrange pas. Je déprime d'être à la maison. Cet homme a envahi mon esprit, il se rapproche de plus en plus, cherche ma main lorsque nous nous retrouvons. Je n'ose lui refuser même si cela me gène énormément, car je suis mariée.

Un jour, nous nous donnons rendez-vous sur un parking en lisière de forêt non loin de chez moi, pour discuter. J'ai de profondes angoisses par rapport à la relation que Didier a tissée avec son infirmière. J'avoue à mon ami la tromperie qui m'accable, sans en être sûre, car je n'ai jamais cherché à surprendre mon mari en flagrant délit. D'ailleurs, comment aurais-je pu, je suis tellement naïve ! Mais la situation est devenue trop pesante pour que je la supporte. Cet après-midi-là, je suis très déprimée.

Assis côte-à-côte dans la voiture, l'heure est venue de se dire au revoir. Je le sens pressant, rempli d'un mélange d'excitation et de tentation, me retenant à ses côtés. A cet instant, le ciel devient noir et chargé alors qu'il se rapproche de moi. Il me dit d'une voix douce et suppliante : « Embrasse-moi ». Je n'arrive pas à refuser. Durant ce baiser, le vent se met à souffler avec rage et la pluie mêlée de grêles tombe avec violence sur les vitres de la voiture!

Je suis complétement chamboulée. Ce baiser me semble si délicieux, comme quelque chose que je n'ai jamais goûté, et puis cette tempête subite et étrange... Alors cette pensée me vient : « C'est un signe de Dieu : il m'envoie cet homme pour me soulager des souffrances que mon mari m'inflige.»
Le mauvais temps s'apaise rapidement, et après quelques instants dans ses bras, encore sur mon nuage, je rentre chez moi.

Le lendemain

Pourtant le lendemain, je lui exprime mon désir de ne pas continuer dans cette voie, qu'on ne s'embrassera plus. Plus j'insiste, plus il veut m'embrasser ; il trouve ça si bon, et moi aussi, et je n'arrive plus à lui résister, se promettant à chaque fois que c'est le dernier. J'ai le sentiment qu'il est trop tard, je suis liée à lui !

Mon premier marathon

Mon ami se prépare pour le marathon de Paris, mais les inscriptions sont closes depuis longtemps ; impossible pour moi d'y participer. Il commence à me faire rêver en m'annonçant qu'un de ses amis risque de revendre sa place pour raison familiale, ainsi je pourrais en bénéficier. J'y crois tellement... Pourtant, lorsque la date approche, il m'apprend que finalement son ami a changé d'avis. La déception est très grande, même Didier a l'air déçu pour moi. Mais je ne lâche pas prise car mon ami est aussi inscrit pour une autre course le mois suivant.

Je regarde avec enthousiaste le départ du marathon retransmis en partie à la télé. Devant tant d'excitation, Didier m'encourage à m'inscrire au marathon du Mont Saint-Michel, chose que je fais immédiatement, folle de joie. Cette annonce réjouit par la même occasion mon ami qui court à Paris.

Tout s'arrange parfaitement pour que je puisse participer à cette course : le logement réservé pour cette expédition nous permet d'héberger quatre de ses amis, je reste ainsi crédible auprès de Didier qui me laisse partir !

Bien que cette épreuve sportive en elle-même me plaise fortement, ce que je vis au sein du groupe est beaucoup moins appréciable. Tous sont mariés certes, mais sont là sans leur femme. Moi aussi j'ai une alliance au doigt. Au moment de se coucher, je n'ai que la solution de dormir à côté de mon ami, sur le même lit, mais heureusement chacun dans un sac de couchage à part. Je ne trouve pas ça très normal et me demande bien ce que tous pensent de mon comportement, car ils ne me connaissent pas. Le visage de l'homme que je côtoie commence à changer. Je le sens faible et à la merci de ses compagnons qui se moquent de lui. Il se sert de cette expérience pour me démontrer que même ses amis agissent mal envers lui.

Cette situation ne m'empêchera pas pour autant de poursuivre et d'aller bien plus loin, par la suite, dans notre relation. C'est comme si j'oubliais au fur et à mesure ce que je découvrais de négatif à son sujet.

Chose étrange à aucun moment je ne me vois en train de commettre un adultère comme si le péché de mon mari couvrait le mien.

Course cycliste

De son côté, Didier entreprend de faire du vélo à haute dose et se prépare pour des courses cyclistes ; quoi de plus normal, puisque sa femme s'est bien mise à faire des marathons.

Une réunion de famille a lieu chez ma sœur pour les vingt-cinq ans de son fils aîné. Didier a justement une course en Bretagne et il est absent pour deux jours. Le dimanche, il aurait très bien pu rentrer, la course ayant eu lieu le samedi. Ses messages ne m'abusent pas : il est bel et bien parti avec elle. J'ai enfin la certitude qu'il me trompe. Ce jour-là, je craque un peu et laisse paraître mes larmes devant ma mère.
Personne dans ma famille n'est au courant de ce qui se passe dans notre couple.

La salsa

J'exprime à mon ami, mon envie de me lancer dans la salsa. Il accepte aussitôt. Depuis des années, je réclamais à mon mari d'apprendre à danser en couple, mais jamais il n'a accepté, prétendant ne pas être doué. Etrangement, pour mon ami, rien ne lui pose problème, du moment que nous passons du temps ensemble et loin de sa compagne, tout l'arrange.

Je vais donc un samedi sur deux au cours de salsa. J'éprouve beaucoup de plaisir, car bien que n'étant pas doué non plus, mon ami est tellement drôle à regarder.

Mauvaise surprise

Un samedi, Didier entreprend de changer les meubles de notre cuisine. Le chantier est conséquent. Ne voulant pas participer à toute cette poussière, je prends ce prétexte pour aller danser en secret avec mon ami. Je passe faire quelques courses avant de rentrer, histoire de justifier ma longue absence.

Didier est en colère : il me montre une photo reçue sur son téléphone. Son infirmière nous a surpris à la sortie du cours de danse et photographiés de dos ; elle s'est empressée d'expédier cette preuve à Didier pour qu'il sache que j'ai moi aussi une relation.

Là, c'en est trop ! Je suis révoltée de ce que cette femme fait pour détruire notre mariage !

Toujours et encore !

De nombreux événements et toujours inattendus surviennent.

Un après-midi, Didier m'appelle : il est pris dans les bouchons et m'avertit qu'il ne rentrera pas de suite. Je ne sais pour quelle raison, il n'appuie pas sur la touche « **fin d'appel** » de son téléphone et le glisse dans sa poche de chemise. Je suis toujours à l'autre bout du fil et là... j'entends une femme parler : c'est elle. Durant trente minutes, j'écoute leurs conversations. Je bouillonne de rage : il était parti visiter des appartements pour l'installation d'une de nos filles à proximité de ses études. Il avait donc emmené cette femme avec lui, à mon insu. J'ai tellement l'impression qu'elle me vole ma place à tout niveau. A son retour, je lui fais bien sûr un petit rapport au sujet de ce que j'ai entendu de leur conversation. Il ne peut nier les faits, car je lui relate avec précision certaines des paroles échangées par l'un et l'autre. Cette femme me fait vivre un cauchemar !

Je découvrirai aussi plus tard, à plusieurs reprises, qu'ils m'espionnent, me filment lorsque je vais courir avec mon ami, me poursuivent aussi avec la voiture de cette intruse. Ne connaissant pas le véhicule de cette femme, il leur était facile de me surprendre en flagrant délit pour obtenir des preuves de ma relation. C'est pour moi une profonde injustice, car à l'origine, c'est elle qui a causé ce trouble dans notre mariage. Ainsi, la situation semble se retourner contre moi.

Mon second marathon

J'ai pris la décision de courir deux marathons par an. Cette fois, c'est celui d'Amsterdam que nous retenons, mais plus question d'y aller avec des amis, juste nous deux. Comment faire passer cette nouvelle lubie sans trop d'histoire ? Chose très surprenante, Didier m'incite à prendre une chambre d'hôtel avec mon ami ! Décidément, je n'y comprends rien : il me pousse dans les bras de cet homme au lieu de me retenir !

Et nos enfants ?

Je cache peu de choses à nos enfants. Le problème est que ce soit ma fille aînée qui ait découvert que son père me trompe. Dans la tête de certaines de nos filles, je ne suis pas coupable de tout ce qui arrive. Je pense même qu'elles trouvent normal que je cherche le réconfort d'un autre homme. Seulement voilà, trois de mes filles me défendent, tandis qu'une s'est retranchée du coté de son père, devenant même avec moi très distante et accusatrice, parce qu'à plusieurs reprises ses copines m'avaient surprise avec cet homme!

C'est une situation qui me fait presque haïr mon mari, car mes filles sont un trésor pour moi. J'ai toujours veillé sur elles et je les aime tellement que je ne supporte pas que l'une d'entre elles soit contre moi à cause de la relation extra conjugale de mon mari. Alors l'un et l'autre, inconsciemment nous leur démontrons ce que chacun fait de mal dans son coin.

L'ambiance avec nos filles devient plus qu'houleuse et la violence est régulière. C'est comme s'il fallait toujours en venir aux poings pour régler les problèmes avec leur père, Didier ne sachant guère maîtriser sa langue non plus.

Des menaces

A force de se disputer, Didier menace un jour de partir de la maison. Il va même jusqu'à faire sa valise, mais notre dernière fille n'est pas du tout prête à vivre une séparation. La tempête gronde vraiment dans la maison, pourtant une pensée secrète surgit pour mon mari : « Quoi que tu fasses, je t'aimerai toujours ».

Chose étrange, je ne pense pas qu'il soit capable de partir, et je n'éprouve pas vraiment de la crainte sur son éventuel départ. D'ailleurs où irait-il ?

Deux ans de déchirement

Cela fait deux ans que la situation empire. Au départ, Didier m'avait poussée à connaître quelqu'un d'autre, pensant que quoi qu'il arrive, il ne se passerait rien de tragique. Il commence alors à mal vivre la situation. De mon coté, je ne peux plus me passer de voir cet homme. Je pense même en être amoureuse. Les vacances se succèdent, toujours dans la douleur. L'espionnage et les mensonges continuent, tant pour Didier que pour moi.

Contrairement à moi, Didier rompt à plusieurs reprises sa liaison amoureuse. Il me fait sentir son désarroi et son désir de repartir ensemble. Je ne supporte plus de vivre avec le doute : est-il sincère sachant qu'il travaille avec elle ? Quant à moi, je n'arrive pas à m'éloigner de mon ami, me sentant dans l'impossibilité de faire marche arrière.

Durant toute cette période, je découvre aussi de nombreuses choses qui me font toujours et encore plus de mal, notamment un mail d'une amie psychologue de Didier qui m'est inconnue, révélant clairement que mon mari a du mal à résister aux femmes lui témoignant de l'admiration. Celle qui est venue semer le trouble est la goutte d'eau de trop. La dernière phrase comporte une question douloureuse: « Soyez sincère, pourriez-vous réellement rester fidèle à votre femme pour le reste de vos jours et vivre heureux ? » Cette lecture ne me donne plus d'espoir car je découvre l'horrible faiblesse de mon mari. Le mail suivant révèle aussi qu'il se sent perdu entre deux femmes : une qu'il ne veut plus aimer et qui l'aime et une qu'il a toujours aimée et qui semble ne plus vouloir l'aimer : tel est son dilemme, ce qui le déprime. Une fois de plus ce n'est pas ce message que je retiens ; c'est celui qui me prouve son infidélité et me cause une profonde douleur et rancune ; celui-là passe au dessus de tout.

C'est aussi a peu près à cette période que je commence à me confier à mon plus jeune frère, qui a vécu lui aussi un divorce. Il me donnera par la suite les coordonnées d'un avocat.

Congrès en Martinique

Didier m'annonce qu'il part en congrès en Martinique. Il me demande si je veux l'accompagner. L'amour ayant tellement disparu, je n'en éprouve nullement l'envie. L'espionnant sans cesse, j'ai découvert dans ses messages que si je n'y vais pas c'est elle qui l'accompagnera et lui promet d'être « chaude » durant ce séjour. Je le mets en garde que s'il commet cette grave erreur il ne remettra pas les pieds dans notre maison. Il hésite longuement, mais sa décision finale est d'aller au congrès avec elle. Nouvelle semaine plus que difficile pour moi. En effet, deux ans auparavant, c'est exactement dans ce lieu que nous nous étions rendus pour la première fois en amoureux, pour nos vingt ans de mariage. Comment peut-il être aussi cruel avec moi ? Je passe toute la semaine à pleurer, pensant vraiment que nous arrivons au bout de notre union, cultivant plus que jamais l'amertume ; jamais je ne lui pardonnerai.

Didier étant de retour et sachant sa passion pour la photographie, la curiosité me pousse à aller explorer l'ordinateur à la recherche de photos qu'il aurait pu prendre d'elle. Etant peu douée en informatique, mon ami m'aide et trouve le fichier. Devant ce qui s'affiche, je m'effondre littéralement. Pire encore, il n'y a pas que des photos de la Martinique, mais de tous ses voyages faits en secret avec elle lors de chaque congrès. C'est insoutenable : j'ai un véritable album qui défile maintenant dans la tête, avec photos et vidéos qui m'horrifient et me blessent profondément.

Stage de vélo sur la cote d'azur

A son retour de Martinique je l'encourage à partir en stage de vélo. Je ne souhaite pas partir en vacances d'avril, car je me suis préparée pour le marathon de Paris. Celui-ci tombe le jour de mon anniversaire et en plein milieu des vacances scolaires. Je me suis aussi arrangée avec les enfants pour pouvoir partir deux jours avec mon ami.

A la maison tout se passe mal, la discorde entre celle de mes filles qui est contre moi et les autres va bon train. Décidément, la vie de famille est devenue invivable.

Un cadeau « empoissonné »!

C'est mon anniversaire. Bien que rien n'aille plus entre nous, Didier m'offre deux places pour un saut en parachute ainsi que deux places pour le concert d'un chanteur que j'aime beaucoup.

Il me met fortement dans l'embarras, car j'ai acheté moi aussi deux places pour l'anniversaire de mon ami en septembre et pour ce même concert! Quand au saut en parachute, Didier me précise par écrit que je l'effectue avec la personne de mon choix. Je trouve ce cadeau cruel : il me rend responsable de blesser l'un des deux, selon ma décision. Je choisis non pas l'auteur du présent mais son rival.

Didier me remet également une enveloppe, sur laquelle est écrit ceci : « Ce qui compte dans ce présent ce n'est pas son prix, il est le reflet de ta phrase : une idée, une envie, une action…Il y a deux places pour chaque idée, une place pour toi, l'autre pour la personne avec qui tu désires sincèrement le plus partager ce moment… » Cet écrit me révèle que Didier m'écoute encore, mais il fait un mauvais usage de ce que je lui ai dit pour finalement me causer plus de soucis qu'autre chose.

Séparation

De retour de son stage de vélo, Didier veut absolument me rejoindre sur le stade où une de nos filles a une compétition d'athlétisme. Seulement mon ami est aussi présent. Je le supplie de ne pas venir, pour ne pas faire d'histoires sur le stade ; rien à faire ! Lorsqu'il arrive, Didier a l'air énervé. Son regard est furieux. Durant sa course, ma fille tombe et se casse le poignet. C'est un dilemme pour elle : elle est partagée entre son père, moi-même et mon ami qui, du coup s'est éclipsé. Tout se termine à l'hôpital dans une haine profonde l'un pour l'autre.

Devant tant de discordes, Didier prend la décision de partir vivre dans la maison nous appartenant, située à côté et qui vient justement de se libérer.

Là encore, on s'espionne : je surveille ses allées et venues et il en fait de même pour moi. Chaque fois que je lui rends visite, il est en pleurs et vit comme un ermite ; il ne supporte pas de voir la voiture de mon ami aller et venir devant sa propre maison. L'attitude de Didier me semble étrange : il prétend ne plus voir son infirmière et il veut toujours revenir chez nous, mais il sort souvent et rentre tardivement dans la nuit. Je ne le crois plus, ses larmes ne me font même plus réagir. Veut-il se faire prendre en pitié ? Je ne sais plus quoi penser !

Avocat

Nous prenons chacun un avocat, car la décision est prise au sujet du divorce.

Une première rencontre à lieu avec mon avocat. A la fin de notre entretien, sa question me surprend : « Etes-vous sûre de vouloir divorcer, au fond de vous ne l'aimez-vous pas encore ? Je ne vous souhaite pas d'en arriver là ». Etonnant pour une avocate ! La partie adverse ne tient pas du tout les mêmes propos selon Didier. Il s'agit aussi d'une femme, plutôt féroce, qui veut me faire payer et cher. Décidément nous ne côtoyons jamais les mêmes gens !

Les visites chez l'avocat sont pesantes. Moi qui avais toujours pensé que l'amour pour toute la vie était possible, je me retrouve là, assisse devant cette femme à faire les comptes et le bilan du drame que je vis. Comment tout cela a-t-il pu m'arriver ?

La fête des mères

Je reçois un mail d'une de ma sœur cadette afin de préparer un petit cadeau commun pour la fête de notre maman. A ce moment-là, je suis tellement anéantie par ce que je vis que je lui réponds, sans ménagement, qu'elle peut compter sur moi pour ma participation financière, mais que pour le reste, je lui laisse la charge. Je n'ai pas le cœur à m'occuper de cela, en raison de notre divorce !

C'est un choc pour elle. A part mon plus jeune frère qui a connaissance de la situation et depuis peu de temps, personne dans la famille n'est encore au courant. Elle est abasourdie par ce que je viens de lui annoncer. Elle est chrétienne depuis si longtemps qu'elle ne peut imaginer une chose pareille pour moi et s'empresse de m'appeler. Je lui révèle notre horrible situation. Je suis très amère, mais elle prend le temps de m'écouter, ainsi que Didier. C'est d'ailleurs quelque chose que je ne supporte pas ; je suis sa sœur et je ne comprends pas pourquoi elle s'intéresse aux propos de Didier !

Bien plus tard, je saisirai en fait qu'elle n'a prit parti ni pour l'un ni pour l'autre, mais qu'elle voulait juste écouter ce que chacun avait à dire ! D'ailleurs, mon plus jeune frère en avait fait de même. Au vu de cela, je me sens un peu trahie par eux, je n'ai pas envie que l'on défende Didier. Après tout, c'est moi qui ai été trompée et non l'inverse, alors pourquoi me font-ils cela ?

Une compétition sportive dans les dunes !

Cela fait trois mois que Didier s'est trouvé un appartement quelques villages plus loin. De mon côté, je cours toujours. Je me rends sur la côte avec mon ami et mes deux plus jeunes filles pour une compétition sportive à travers les dunes. Surprise de recevoir de mon mari quelques messages qui ne me sont pas désagréables, je ne saisis pas en réalité son intention de se rendre sur ce lieu pour m'encourager et me voir courir !

Incognito, derrière ses lunettes noires et sa casquette, mes filles le croisent accidentellement et le reconnaissent. Elles s'empressent de me prévenir juste sur la ligne de départ. Elles sont énervées de savoir leur père présent et mon ami est fou de rage ; il abandonnera d'ailleurs à mi-parcours, par dégout. Pourtant cela me fait du bien de recevoir de mon mari des encouragements durant la course ; cependant je dois calmer les esprits de tous après son départ.

Le mariage de ma nièce

Didier prétend qu'il a rompu avec sa conquête et voit un psychologue, désireux de chercher une solution à son désarroi. Mes deux plus jeunes filles qui, du coup, sont aussi dans la tempête, ont de même rendez-vous chez une psychologue. Devant le peu d'efficacité et la lenteur d'une évolution, les séances cessent rapidement.

Je laisse entrer mon ami dans ma maison, sans attendre le divorce, avec toutefois encore beaucoup de retenue.

Tout se bouscule dans ma tête, je me demande souvent « Mais que s'est-il passé dans ma vie ? Comment cela peut-il m'arriver à moi, qui ne rêvais que d'amour et de fidélité ? » Toutefois, l'absence de Didier nous permet de retrouver un peu de calme dans la maison. J'éprouve même une certaine envie de retrouver mon mari et cela a l'air réciproque.

Une de mes nièces se marie dans quelques semaines. Pour son mariage, elle a prévu Didier comme photographe, ne sachant pas non plus tout ce qu'il s'est passé au sein de notre foyer. Même si nous sommes séparés, je ne m'oppose pas à ce désir, sachant que Didier assistera au mariage du début jusqu'à la fin !

La cérémonie à lieu fin août. L'émotion des jeunes mariés est intense. Un délicieux message sur le mariage est délivré par un pasteur que je ne connais pas. Il donne aux futurs mariés trois conseils pour réussir leur mariage:

Pour illustrer son premier conseil, le pasteur présente un arrosoir et dit :

« Dans le passage (extrait des cantiques des cantiques) les amoureux célèbrent leur amour avec cœur, ils se laissent emporter et leurs paroles expriment ce qu'ils ressentent l'un pour l'autre. Ils expriment leurs émotions.
Votre union, votre mariage est en quelque sorte l'expression visible de ce que vous ressentez l'un pour l'autre. Vous voulez que tous ici sachent et soient sûr et certains que vous vous aimez.

Mais si j'avais un premier conseil à vous donner, je vous dirai « N'en restez pas à ce jour mais faites en sorte de continuer sans cesse d'exprimer ce que vous ressentez l'un pour l'autre ».

Une personne a dit un jour « Le mariage est comme un jardin, il faut planter, désherber, biner mais surtout, et surtout disait-elle, il ne faut pas oublier de l'arroser ».

Les mots d'amour que vous exprimerez l'un à l'autre pendant toute la durée de votre vie commune, arroseront votre jardin, votre couple. Ne laissez pas la sécheresse venir...

Et pour vous aider à ne pas oublier d'arroser régulièrement votre jardin nous vous proposons un petit arrosoir où chacun pourra y mettre un mot doux de temps en temps et régulièrement pour l'autre. »

Pour le deuxième conseil, le pasteur sort un autre objet, il annonce alors, tenant dans sa main un grand carnet :

« Si nous revenons au cantique des cantiques, nous pouvons voir que dans une grande partie du livre, que Salomon, ne cesse d'être émerveillé par la beauté de sa fiancée. Elle est belle, pour Salomon, ses yeux sont les plus beaux du monde, ses cheveux sont magnifiques, ses lèvres désirables, ses dents sont blanches, sa bouche est charmante etc.

Cet homme est émerveillé par la beauté physique ; mais Salomon compare cette belle femme à un jardin fermé, une fontaine scellée.

J'y vois personnellement un désir de la connaître et la désirer plus que physiquement. Visiblement, il voit dans le cœur de cette femme des qualités, des fruits qu'il désire découvrir.

En fait, Salomon montre ici que l'amour ne se limite pas uniquement au désir physique mais qu'il se construit aussi lorsque je découvre les qualités, les valeurs, que l'autre a en lui.

Malheureusement, notre corps se flétrit avec le temps. Et ce qui restera après ces nombreuses années de couple, ce sont les qualités que vous aurez découvertes dans le cœur de l'autre.
Et pour vous aider à retenir ce qu'il y a dans le jardin de l'autre voici le carnet qui scellera toutes les belles choses qui sont dans vos âmes. »

Enfin pour le troisième conseil, le pasteur tend encore un carnet et dit :

« Mais celui-là est différent, il est petit, autant l'autre a la capacité d'être constamment ouvert, autant celui-là possède un cordon pour le fermer, pour l'empêcher de s'ouvrir. Et enfin celui-ci porte un nom : il s'appelle Proverbes 10.12
Ce carnet vous servira dès le réveil, dimanche matin. Vous découvrirez certes vos nombreuses qualités, mais en observant l'autre et en le découvrant vous noterez aussi ces défauts.
Proverbes 10.12 « **L'amour couvre toutes les fautes**. » Quand j'aime, je n'ignore pas les défauts mais je les couvre. C'est pourquoi vous trouverez sur ce carnet un cordon pour le fermer, pour empêcher que ce que vous aurez noté puisse être utilisé pour détruire votre couple.
Que ces conseils tirés de la Bible vous aident à réussir votre mariage... »

A la fin de ce message, mon esprit est touché. Si seulement Didier et moi allions tous les deux dans cette même direction, selon le chemin de Dieu. Hélas, cela ne semble pas être pour moi, car Didier n'y est pas sensible. Il faudrait tous deux recevoir la même vision pour réussir notre mariage. J'éprouve alors une grande tristesse !

Pourtant, ce jour-là, Didier revient vivre à la maison et nous arrêterons la procédure de divorce quelques semaines plus tard !

Un nouveau Didier

Bien que les enfants voient le retour de leur père à la maison d'un mauvais œil, Didier ne cesse de clamer qu'il est « nouveau ». Il veut s'occuper de tout dans la maison, être serviable, tout ce qu'il entreprend pour me plaire m'insupporte. Je me sens destituée de mon rôle de femme dans la maison, tant il s'impose. De mon côté, je n'arrive pas à mettre un terme à ma relation, prévenant juste mon ami de mon souhait : faire un essai avec mon mari. Bien sûr, il m'en veut énormément et a peur de l'issue finale. Je désire retourner à une simple relation amicale, mais lui ne l'entend pas ainsi. Il me culpabilise et se fait passer pour une victime. Aucune concession n'est possible, ne voulant en aucun cas cesser de m'embrasser. Je me sens vraiment prise en otage entre deux hommes.

Je dois faire des choix sur de nombreuses choses et je n'y arrive pas, cherchant à satisfaire les deux à la fois, c'est le cas notamment pour ce fameux concert. J'ai donné à mes filles les deux places que Didier m'a offerte et j'ai promis à mon ami que nous irions quand même au concert. Je me sens vraiment comme prisonnière des décisions à prendre et des pressions que les enfants exercent sur moi par rapport au retour de leur père.

Inscription pour le marathon de Londres

Avant que Didier ne réintègre le domicile, il était question de s'inscrire au marathon de Londres et les inscriptions se faisaient fin août, juste après le retour imprévu de Didier.

Je suis plongée dans le tourment, car même si Didier est de retour, j'ai envie de continuer à courir et toujours avec mon ami. Seulement voilà, le marathon est très onéreux, pas moyen d'avoir une chambre d'hôtel individuelle. En nous inscrivant, nous sommes obligés de partager la même chambre. Je suis très embêtée, car mon ami voit bien que je ne veux plus partager ni la même chambre et encore moins le même lit. Didier étant de retour, je veux essayer de retrouver mon honnêteté vis-à-vis de lui mais si je continue à partager les chambres d'hôtel avec un autre que lui, je ne suis pas crédible. Devant ma faiblesse, je pousse quand même mon ami à s'inscrire, mais j'insiste auprès de l'hôtesse, pour avoir une chambre à deux lits, ce qui le met en colère. Je lui propose d'avancer les frais, car il me fait bien sentir que c'est trop cher pour lui.

Au bout de deux semaines, le « nouveau » Didier n'a déjà plus rien de nouveau et la situation recommence à s'assombrir. De plus, je suis à quelques semaines du marathon de Berlin pour lequel je me suis préparée et je m'y rends avec mon ami. J'ai beau promettre à Didier qu'il ne s'y passera rien, je n'arrive pas à faire accepter ma position à mon ami, qui exerce sur moi une puissante domination.

Je ne m'en sortirai jamais entre une simple amitié que je désire partager avec lui et l'amour qu'il souhaite. D'autre part, je n'arrive pas à faire ma part pour arranger notre couple. Même si Didier a ce désir de poursuivre le chemin ensemble, j'ai toujours l'impression que son infirmière est aux aguets prête à surgir de nulle part pour le reprendre.

Vacances en Egypte

Cela fait un mois que Didier vit à la maison. La violence a repris, surtout avec l'aînée de nos filles, c'est insupportable. Malgré tout, nous décidons d'aller en vacances en Egypte avec nos trois de nos enfants. Juste avant de partir, Didier supprime le forfait « monde » de mon téléphone pour m'empêcher de communiquer avec mon ami durant notre séjour. Mon mari ne supporte plus que je continue de le voir, ni de lui parler alors que lui-même a rompu avec « sa copine ». Cette suppression ne fait qu'attiser la haine de nos filles et le mien ; un véritable clan s'installe alors contre lui durant toute la semaine, au point que la simple vision de son ombre nous insupporte. Pour finir la semaine tant bien que mal, Didier décide de passer son diplôme de plongée pour ne plus être présent durant le séjour.

A notre retour de vacances, c'est moi qui lui demande cette fois de partir définitivement de la maison. Je provoque la réouverture du dossier de demande de divorce, car je n'en peux plus de cet état de guerre et de violence. J'ai le sentiment d'être au bout de notre relation, même s'il est vrai que je sens Didier profondément atteint par cette situation. Il me laisse une lettre évoquant avoir eu deux relations extraconjugales et note les dates, afin de m'innocenter pour le divorce et pour que j'obtienne tous les avantages... comme s'il jetait les armes de la bataille!
L'appartement qu'il louait étant toujours disponible, il retourne y vivre.

Deux faits qui m'effraient

Ayant les clés de l'appartement de mon ami, je m'y rends pour déposer quelques courses. Il est absent. Mon regard est attiré par un petit papier en évidence sur un meuble : c'est un bordereau de remise de chèque d'une valeur de mille euros, portant le nom de la femme qu'il voyait régulièrement du temps où nous faisions du step à la salle de fitness. Je suis horrifiée et m'enfuis de chez lui en pleurs. Je ne pensais pas qu'elle était encore présente dans sa vie. Il m'avait dit tellement de mal d'elle. D'ailleurs, il m'avait raconté qu'elle avait déménagé pour la Corse... encore un mensonge ! Ce qu'il m'expliquera plus tard pour s'innocenter, ne me satisfera pas non plus !

Quelques semaines plus tard, après l'entrainement, il est soudain pressé de partir, il a un rendez-vous et pas n'importe lequel...Je découvrirai par la suite qu'il s'est rendu au domicile de l'infirmière que Didier fréquentait. Je ne sais pas trop ce qu'il espérait. Toujours est-il que son entrevue concernait mon mari! Je suis bouleversée par ses actes.

Torture

Mes rendez-vous chez l'avocat pour le divorce me torturent l'esprit : je dois maintenant rendre compte de tout, alors que nous avions tout construit à deux et dans l'unité, il ne reste rien !

Je me sens de plus en plus mal. Mon ami ne veut que mon corps, ma bouche, lorsqu'on se voit. Il ne peut se passer de me proposer un verre d'alcool, c'est même devenu une habitude, à croire qu'il me faut cela pour céder à toutes ses envies. Nous passons notre temps à ne rien faire ou au lit ; j'ai l'impression de ne plus être moi-même, je ne me reconnais plus, je suis lasse. J'avais une vie active et dynamique, aimant rendre service, travaillant la terre avec joie, maintenant je n'ai plus goût à quoi que ce soit! J'ai juste envie d'être seule pour retrouver mon calme intérieur !

La Guadeloupe

Après notre nouvelle séparation, Didier prétend ne plus voir cette femme, cause de tous nos malheurs. Il devait se rendre en Guadeloupe en décembre, normalement avec moi, pour faire un stage vélo. Seulement, étant séparés, je lui demande d'annuler le voyage. Ayant toujours accès aux comptes bancaires, une opération de sa part m'interpelle : il a fait un virement portant le nom de l'agence. Je me renseigne auprès de l'organisateur qui me confirme pourtant l'annulation. Ne comprenant pas trop, je poursuis donc un peu plus loin ma recherche. C'est dans sa boite mail que je découvre la supercherie : un virement sur le compte de sa copine avait été fait, et il était masqué par un faux intitulé.

Je suis déboussolée et me sens toujours trahie, exaspérée par tout ce que je découvre sans cesse. Même si nous devons divorcer, je me sens très affectée par tant de mensonges.

Rencontre avec ma sœur

Ma sœur, au courant de la situation, désireuse de nous aider, me rend visite. Au cours de notre discussion, j'évoque le fait que, dès le départ, j'avais senti que cette femme voulait nous détruire. Je ne reconnaissais plus Didier. Pourtant ma soeur me soutient que dans les conversations qu'elle a eues avec lui, Didier est désespéré et en souffrance; que l'amour existe encore dans ses mots pour moi ; qu'il lui semble sincère. Avant de nous quitter, elle me propose de rencontrer le pasteur (celui qui a célébré le mariage de sa fille) et sa femme. A plusieurs reprises, elle avait cru saisir qu'eux aussi avaient vécu une histoire similaire à la nôtre, et qu'ils étaient disposés à nous recevoir.

Cela me semble étrange qu'un pasteur puisse être passé par de tels événements. Comment pouvoir imaginer une telle situation, qui va totalement à l'encontre de la religion ? Nous attachons tellement d'importance à l'apparence et non aux cœurs des hommes. Comment faire pour que Didier accepte de rencontrer un pasteur ? Autrefois, je lui avais proposé à plusieurs reprises de consulter un conseiller conjugal. Devant son refus catégorique, je ne peux m'imaginer lui proposer de rencontrer un pasteur. Et si Didier m'aime encore vraiment, pourquoi continue-t-il à me trahir ?

Pourtant, après le départ de ma sœur, même si je vois notre mariage comme ruiné, j'ai le désir que Didier soit sauvé des griffes de cette femme. Elle ne le rend pas heureux mais désespéré ! Ce n'est plus mon sort qui m'importe mais le sien, mais jamais je ne lui propose cette rencontre.

CHAPITRE 3

La veillée

Didier mange chez sa mère le 24 décembre comme nous en avions l'habitude auparavant. De mon côté, je veux être tranquille chez moi avec mes filles. Comme mon ami et son fils sont seuls, je propose qu'ils passent Noël avec nous. Ravi bien sûr, mon ami participe à la préparation décorative de la table. La soirée se passe relativement bien, avec échange de cadeaux. Ils repartent chez eux sur le coup de minuit.

Le repas

Le lendemain est une autre histoire. Cette année, c'est un de mes frères qui accueille la famille pour le repas de Noël. J'avoue que ce jour-là, je ne suis pas à mon aise. Presque tous mes frères et sœurs sont là, accompagnés de leur conjoint et de leurs enfants, et moi je me sens atrocement seule. Les regards sur moi sont pesants, je lis aussi de la tristesse dans les yeux de mes parents !

D'habitude, lors des rencontres familiales, je recherchais souvent la compagnie de ma belle-sœur, du même âge que moi et avec qui je m'entendais bien. Ce jour-là, bien qu'elle soit assise à côté de moi, nous ne nous parlons pas, je n'ai pas envie de rire. C'est vers ma sœur présente, que je me tourne pour discuter de ma vie avec Didier. Je lui révèle quelques détails qui me reviennent en mémoire, qui aurait pu m'alerter du mauvais chemin que mon mari empruntait, avant que je commette à mon tour la même erreur. Au fil de la discussion, je prenais conscience que j'avais porté le poids de l'accusation sur moi durant toutes ces années, innocentant ainsi mon mari et restant sur le fait que ce soit impossible qu'il ait commis de tels actes !
Ce 25 décembre, avant que je me rendes chez mon frère, je reçois des messages de Didier tout à fait inhabituels qui me suscite une impression étrange; il voulait

subitement rencontrer le pasteur du mariage de ma nièce et voulait même ce rendre au culte. Lui qui autrefois se moquait bien de la religion, cela ne lui ressemble pas !

Durant le repas, les messages continuent. Il évoque sa déception de ne pas avoir trouvé le lieu de culte où il aurait pu entrevoir le pasteur. Par contre, il a pris plaisir à photographier des cygnes sur le bord d'une étendue gelée, comme s'il venait de redécouvrir la nature. Il ne renonce pas à son désir de rencontrer le pasteur. Je partage cette situation à ma sœur et son mari prend l'initiative de téléphoner à leur ami pasteur. Il se renseigne sur le prochain culte : le rassemblement n'aura lieu que le lendemain, dans une église africaine ! Il lui transmet par la même occasion le numéro de téléphone de Didier, le prévenant de son éventuelle venue.

Le repas se poursuit avec un départ précipité de mon jeune frère, qui m'avouera bien plus tard la raison : il n'avait pu supporter cette espèce de clan qui s'était établi contre Didier et tous les propos qu'il avait entendu. Personnellement, je n'avais pas prêté attention aux discussions m'environnantes ; à ce moment là, seul, l'échange avec ma sœur retenait mon attention et ce que Didier voulait m'intriguait.

La semaine suivante

Des messages peu ordinaires de Didier affluent : il témoigne de ce culte vécu le lendemain de Noël, où le pasteur l'a invité à sa table, dans la foulée. Il a l'air d'être en pleine métamorphose comme s'il découvrait quelque chose de nouveau et que cet état lui permettait de se relever. Il ne me parle que du Seigneur Jésus ; il ne cherche même pas à me convaincre. Il rend juste témoignage de son nouvel être. J'éprouve même la peur de ne plus être dans son cœur, tant ses mots d'amour sont pour Jésus. Pourtant, en moi cette pensée commence à s'imposer à mon esprit : « Il n'y avait que Dieu qui pouvait nous sauver ! » Pourquoi cette idée ne m'était-elle pas venue à l'esprit plus tôt ? L'Ecclésiaste le dit si bien dans la Bible au chapitre 3, versets 1 et

8 :« **Il y a un temps pour tout, un temps pour toute chose sous les cieux ; un temps pour aimer, et un temps pour haïr ; un temps pour la guerre, et un temps pour la paix.** »

Bien que je continue à voir mon ami, je me sens étrange. Je n'éprouve plus le désir de le rencontrer, comme si mon mari entrait à nouveau dans mon cœur et mes pensées. J'aime de nouveau recevoir ses messages qui cette fois n'apportent plus la guerre, mais évoquent juste le Seigneur, même si je n'en saisis pas tout le sens !

Une semaine plus tard, nous arrivons au réveillon du Nouvel An. Je le passe chez mon ami avec son fils et ma dernière fille. Cette soirée me semble interminable, vraiment je ne me sens plus à l'aise à ses côtés. J'ai envie de le lui dire mais cela ne m'est pas possible, d'autant plus qu'il sent très bien que le dialogue avec mon mari a non seulement repris mais qu'en plus les mots sont doux. Je le sens plus qu'agacé !

A minuit je reçois un magnifique message de Didier :

« Bonsoir Isabelle, avant le rush des texto de minuit, je veux être le premier à te souhaiter une année 2011 pleine de bonheur retrouvé. Ce bonheur t'est promis par notre Père. Tu as eu des moments de doute encore récemment, mais tu as pu voir la force de la prière. Tu le savais probablement, moi je le découvre car il donne la force de gravir les montagnes…qui conduisent à un monde meilleur fait de tolérance (…) pour ton bonheur que tu mérites toi qui l'a toujours suivi et qui ne l'a jamais déçu…! Bonne année et santé à la femme qui n'as jamais quitté mon cœur car c'est Dieu qui me l'as donnée (…) Je t'aime d'un amour qui est guidé aujourd'hui par le Seigneur et lui ne se trompe pas… »

Ce message me montre le changement réel de direction de mon mari. Le petit bémol est que l'amour de Didier couvre mes fautes… N'ai-je vraiment jamais déçu notre

Père Céleste ? Toujours est-il que, même si ce message me ravit, il travaille ma conscience.

Un mail

Ce sont encore les vacances scolaires et notre plus jeune fille a organisé une fête dans le sous-sol de la maison, suivie d'une « pyjama partie » avec quatre de ses amies.

Il fait déjà noir ; un texto de Didier s'affiche sur mon téléphone : il me demande d'aller lire le mail qu'il vient de m'expédier !
J'ouvre mon ordinateur et prend connaissance de son message : Didier m'avoue, en quelques phrases, l'ampleur de ses péchés d'adultères. La lecture provoque une déchirure intérieure profonde, un brisement comme un grand coup de poignard reçu en plein cœur. Bien qu'au fond de moi existaient des doutes, je ne saisis pas pourquoi il me fait ça. Tout avait l'air de renaître entre nous… A cet instant, j'ai le sentiment d'être anéantie par la douleur, à tel point que je ne veux plus vivre. Je ne cesse de pleurer. Ce soir-là, sans même croiser les enfants présents dans la maison, je m'endors seule avec un chagrin intense, espérant ne plus jamais ouvrir les yeux.

Pourtant le lendemain matin mes yeux s'ouvrent ! Les rayons du soleil éclairent ma chambre, je me sens bien, comme apaisée. Ce qui me vient alors à l'esprit, c'est qu'après tout, la femme qui voulait mon mari, ne cherchait que l'amour… comme beaucoup d'entre nous. Je n'ai qu'une seule envie : PARDONNER. Aussi étrange que cela puisse paraître, ce mail douloureux devient une porte d'accès au pardon. Tous mes sentiments négatifs se sont transformés en sentiments positifs. Je n'arrive pas à m'expliquer ce qui a bien pu se produire cette nuit-là, mais c'est ainsi. L'album photos sur cette femme défilant dans ma tête, ne me fait plus mal. Le pardon est devenu possible par la grâce de Dieu !

Rencontre du pasteur et de sa femme

Quelques jours après le Nouvel An, Didier est invité à manger chez le pasteur et sa femme, il me demande de me joindre à eux.

Je ne sais pour quelle raison, j'ai envie d'accepter cette rencontre - bien que je sois de nature timide et réservée et que je n'aime pas me rendre chez des gens que je ne connais pas - je ressens une force qui m'encourage. Devant moi se dresse un obstacle : ma plus jeune fille !

Elle a si peur pour moi, parce qu'elle sait que son papa sera présent. Elle ne désire absolument plus que je vois son père. Elle me fait la guerre pour m'empêcher d'y aller, chose que je peux comprendre, car elle n'a pas non plus connaissance de ce que je suis en train de vivre, tout reste secret en moi. Je ne sais pas moi-même où cela me mène. Je lui propose alors de m'accompagner pour qu'elle voie ce qui se passe. Elle accepte mais reste en colère. Durant le trajet, l'ambiance est plus que houleuse. Je me contrôle pour ne pas pleurer tant les mots sont durs à entendre. Ce n'est qu'arrivée à la porte de leur maison qu'elle se calme !

Le repas se passe gentiment et ma fille se retire de table, invitée par le jeune fils du pasteur pour jouer sur l'ordinateur.

Nous ne sommes plus que quatre à table et un échange à lieu : le couple pastoral témoigne de ce qu'ils ont vécu, ainsi que de l'importance du pardon. Je m'aperçois que Didier a dévoilé, lui aussi, ce qu'il a commis mais je n'ai pas la moindre idée de ce qu'il a dit sur moi. Il ne cesse de mettre en valeur ma foi, qu'il connaît depuis le début de notre histoire d'amour. J'ai le plaisir de pouvoir enfin en parler librement, et sans retenue, je me demande même ce qui m'arrive.

C'est alors que je porte un nouveau regard sur mon mari. Je l'entends s'humilier, il n'est pas fier de ce qu'il a commis ces dernières années. Je ne le reconnais pas, ces paroles sont si différentes et il ne cesse de m'élever, c'est un tout autre homme qui se trouve devant moi !

A plusieurs reprises, j'ai envie de leur dire : « Moi aussi j'ai fait entrer un autre homme dans ma vie... je ne suis pas aussi pure que Didier me voit aujourd'hui. » mais je n'y arrive pas !

Je rentre alors chez moi et toute cette conversation ne cesse de me revenir, je commence à me sentir plus que bouleversée. Ce qui avait été déposé dans mon cœur d'enfant au sujet de la crainte de Dieu ressurgit: Dieu me voit et sait tout ce que je commets. C'était pourtant si bon d'échanger autour de la table au sujet de la foi en Dieu.

Je vis une sorte de conflit intérieur : d'un côté ; le péché que j'ai commis, qui semblait jusqu'à présent caché dans ma conscience. Pour moi, seul Didier avait fauté, il m'avait trompée, ce que j'avais fait n'était qu'une conséquence de mon mal être, une réaction à la souillure dont j'étais la victime... Et de l'autre, le désir brûlant de me tourner vers Dieu, comme un retour à mon premier amour.
Je désire retrouver mon mari presque instantanément, mais comment faire pour l'annoncer à mon ami, qui commence à percevoir des changements dans mon comportement.

Une décision

Je ne peux faire autrement : mon désir d'annuler le divorce grandit, et mon envie de rompre avec mon ami se fait pressant. Je sais que je vais lui faire de la peine. J'ai encore le sentiment de l'aimer et mes enfants avaient l'air de l'apprécier. Surtout, elles en étaient venues à détester leur père ; pour elles, le divorce était pratiquement obligatoire. Pourtant face à cela, pour la première fois de ma vie, même si cela me fait peur, je ressens que la décision doit venir de moi seule et faire abstraction du désir de mes proches. C'est une force qui m'anime et qui m'est inconnue. Je suis convaincue d'écrire une lettre de rupture :

« Voici la lettre promise, une lettre qui t'expliquera ce qui se passe vraiment en moi ! J'ai reçu lors de mon baptême certainement la foi en Dieu. Depuis que je suis jeune et dans mes souvenirs, je l'ai toujours senti vivre en moi. Je chantais à l'église sa parole sans m'en rendre compte et j'aimais ça. Il a fait de moi l'être que je suis, certes avec des défauts, mais aussi des qualités comme la bonté, la générosité et tout ce qui touche à l'amour envers les autres. Il m'a donné un mari et nous nous sommes unis devant Dieu. Notre messe de mariage a été préparée, j'ai prononcé des mots qui avaient un sens pour ma vie et à mes yeux c'était sacré. Je cheminais en voyant sa lumière et Il m'a fait quatre beaux cadeaux : mes enfants. Il m'a même demandé de concevoir ma dernière fille. Pourquoi ? Je ne sais pas encore. Oui, j'ai entendu sa voix et son prénom n'est pas un hasard ; il signifie « manifestation de Dieu ». J'ai éduqué mes enfants selon mes croyances. Leurs baptêmes et profession de foi, je les ai vécus avec passion, m'investissant beaucoup pour leur transmettre ma foi et ces qualités qui me touchent. J'étais tournée vers ma famille (...). Le seul problème que j'ai rencontré, c'était la distance que mon mari mettait par rapport à mon élan vers Dieu, mais j'avais confiance. Par amour, je me taisais et tout se passait pour le mieux, en effaçant les orages qui grondaient parfois dans ma vie... Jusqu'à ce fameux jour où ma vie a basculé et s'est effondrée. Je n'entendais plus rien, Dieu m'avait certainement abandonnée. Pourquoi ? Parce que je lui avais fermé ma porte. Trois années se sont passées, difficiles certes avec tout ce que tu sais : mes douleurs, mes peines, mes tentatives de divorce mais aussi et toujours le même refus, pour lui comme pour moi, d'admettre cette séparation. L'homme ne peut défaire ce que Dieu a uni.

Récemment Didier a reçu un appel et il l'a entendu. La vie n'est pas faite de hasard : il a rencontré le pasteur du mariage d'une de mes nièces. Moi aussi j'avais entendu le message lors de leur mariage, mais je pensais que cela ne devait pas être pour moi, car mon mari n'entendait pas la même chose et cela faisait bien longtemps que nous ne suivions plus le même chemin.

Le jour de Noël, Didier a décidé d'aller au culte où le pasteur du mariage prêchait et celui-ci l'a invité à sa table. Il s'est passé en lui quelque chose d'étrange, le pasteur est devenu son soutien et ces yeux se sont ouverts vers le chemin qu'il devait emprunter, le même que le mien, celui que je suivais depuis longtemps. Dieu me connaît bien. Il sait ce que mon cœur désirait et ce qu'Il fait en Didier est formidable. Tu vas me dire : « Et moi, dans tout ça ? ». Tu es un homme formidable, rempli d'amour mais tu ne vois plus la lumière qui t'éclairait il y a quelques années. Toi et moi ce n'est pas un hasard. (...) Je crois que -et je te le dis depuis longtemps à travers mes messages- je ne suis pas la femme de ta vie. Je suis sûre qu'au fond de toi, tu le sais aussi. Je suis juste de passage pour te refaire découvrir que Dieu existe. Je sais depuis longtemps que ma place n'est pas à tes côtés. Comme le disait ton message : tu te vois comme un grain de sable balayé par la mer. Tu as encore un long chemin à faire, car il faut que tu arrives à te voir comme un rocher à qui la mer ne fait plus peur. Le sable se dérobe sous les pieds et toi tu veux bâtir sur ce sable.

Je ne veux surtout pas te faire mal en écrivant cette lettre, mais ce qui m'arrive est foudroyant. Tu as peut-être remarqué le jour où Didier a été touché par Dieu. Ce jour-là, lorsque je suis arrivée chez toi, un baiser de toi m'était devenu difficile. Il est temps pour nous que nos cœurs s'éloignent, car tu es devenu dépendant de moi. Tu vis à travers moi, alors que ton fil conducteur ne doit pas être le mien. Tu dois d'abord commencer à t'aimer toi-même et prendre soin de toi pour pouvoir penser aux autres.

J'aimerais que toi aussi tu sois capable de m'écrire comme ça spontanément une lettre sur ta vie : depuis le début, tes croyances, ton bonheur, tes souffrances. Que tu te mettes à nu sans avoir peur de ce que l'on pourrait penser de ce que tu écris et regarder ta vie en face. Comme moi, et bien d'autres, te tourner vers Dieu, car il est en toi, j'en suis sûre. Ouvre-lui ta porte, il te viendra en aide.

J'imagine un peu, lorsque tu liras cette lettre, ton désarroi, mais je ne te quitte pas vraiment car tu es et resteras mon ami. Je peux encore t'aider. Je veux juste une séparation physique, c'est ainsi, je ne peux plus, cela ne correspond pas à ma ligne de conduite et je sais que Dieu me voit !

Je ne vivrais pas avec Didier pour l'instant, il a un long chemin à faire. Mais il a un guide et comme je te l'ai dit à la nouvelle année, j'ai aussi des choses à accomplir mais seule.

J'ai envie de te dire : « Suis-nous ! ». Car, oui, je t'aime énormément mais pas comme tu l'entends. Je t'aime d'amour, l'amour que Dieu nous demande de répandre autour de nous. Je pourrais t'écrire encore beaucoup de choses. En lisant cette lettre -que je t'invite à lire et relire- ; soit tu décideras de ne plus me voir, car tu n'acceptes pas et me trouve peut-être cruelle, soit tu me comprendras et tu ne m'en voudras pas car au fond de toi Il est là et tu n'oses pas y croire.

Tout est entre tes mains ! »

J'invite donc mon ami chez moi pour lui remettre la lettre annoncée. Je suis tellement sûre qu'il comprendra, j'ai sincèrement le désir de rester ami avec lui pensant cela possible. Nous avions tellement de plaisir à courir à deux. Mais je veux retrouver mon mari, car je sens que l'amour renaît entre lui et moi.

Ce moment s'avère terrible. Son visage se durcit et la colère monte. Bien que je le serre dans mes bras, mon corps tremble. A la fin de la lecture, il me repousse, se lève et sort de chez moi. Puis il revient, me demande de lui rendre ses clés d'appartement et ôte de son coup le pendentif que je lui avais offert.

Je ne me sens pas au mieux, j'ai tellement l'impression de lui faire du mal, la lettre ne lui cache rien. J'agis juste par la force qui me révèle ce que je dois faire!

Des remords

Deux ou trois jours se passent. L'envie de le revoir pour se quitter en paix me pousse à l'appeler l'invitant à manger ensemble une dernière fois. Après une longue hésitation de sa part, il accepte. Il prétend venir chercher quelque chose, qu'il n'arrive pas à me définir. Je l'invite donc chez moi, sûre qu'il ne se passera rien (mise à part prendre un repas ensemble) car j'en suis décidée.

A la fin du repas, il se met à insister pour me faire céder à son désir charnel. Je lutte avec mes mots, mais rien n'y fait. Le pouvoir qu'il exerce sur moi est tellement fort que c'est en larmes que je lui cède, ne cessant de lui répéter que Dieu ne me pardonnera jamais !

Après son départ, je me retrouve seule face à moi-même. Je vis en conflit entre ma foi pour Dieu et mon péché qui me saute en pleine figure et que je n'ai su rejeter. Je suis perdue ! Je me sens prisonnière et prends conscience que par moi-même je ne peux rien faire, même si j'en avais le désir profond. Toute l'après-midi, je suis accablée par ce que je viens de commettre. Je n'ai plus de force, j'ai l'impression de tomber dans un demi-sommeil et d'entendre une voix qui me parle. C'est un appel téléphonique qui me sort de mon état, c'est lui : je ne saisis pas la raison de son appel, tout me semble confus sauf une phrase qui résonne : « Je viens de rencontrer une femme, elle te ressemble, parle comme toi d'une voix douce, on dirait un ange et tu as raison, tout est possible ». C'est le « tout est possible » qui me donne un léger sourire et l'envie de me relever, car oui pour Dieu tout est possible et j'y crois.

La grâce de Dieu

Le lendemain, à mon réveil et de façon surprenante et brutale, je me rends compte que j'ai réellement perdu toute envie charnelle sur cet homme. Même s'il n'est pas à mes côtés pour le tester, je peux l'affirmer comme véritable. Je me sens totalement libérée alors que la veille je ne savais comment résoudre le problème de l'emprise qu'il avait sur moi. J'avais remarqué depuis longtemps que je n'arrivais guère à lui résister, même si j'en avais souvent l'envie. Une nouvelle fois, je ne peux expliquer, concrètement et de façon palpable ce qui s'est produit en moi. Mes chaines sont brisées : j'ai obtenu la grâce, ce don que le Seigneur nous accorde pour que nous ne péchions plus. C'est exactement ce que je ressens. Cela me procure même une joie intense, car, ce qui ne m'était pas possible la veille, l'est devenu en ce nouveau jour.

Cet homme ne m'attire plus sans que je sache expliquer pourquoi. C'est en cela que je saisis que seul, le Messie, Jésus peut accomplir une telle œuvre en moi : « **Tous ceux qui croient sont justifiés gratuitement par sa grâce, par la rédemption qui est dans le Christ Jésus** » (Romains 3.24). Et moi, qu'avais-je fais pour mériter cela ?... J'ai juste crû en lui et reconnu que par moi-même je ne pouvais rien faire. Je n'ai qu'une envie : me repentir, changer pour ne plus être celle que j'étais devenue...!

Ce n'est qu'à la lumière des évangiles que j'ai saisi pleinement l'œuvre de mon Sauveur : Jésus a porté mon péché sur la croix, afin de triompher du mal. Il m'a libérée de la puissance du péché, lorsque je me suis confiée en lui. Quelque chose en moi avait pris fin ce soir-là pour laisser place à quelque chose de nouveau au petit jour, car « **c'est par la grâce que vous êtes sauvés, par le moyen de la foi, et cela ne vient pas de vous, c'est le don de Dieu** » (Ephésiens 2.8) et « **sachant que notre vieille nature a été crucifiée avec lui, afin que le corps du péché soit réduit à l'impuissance, pour que nous ne soyons plus esclaves du péché ; car celui qui est mort est libre du péché. Or, si nous sommes morts avec Christ, nous croyons que nous vivrons aussi avec lui, sachant que Christ ressuscité des morts ne meurt plus ; car il est mort et c'est pour le péché qu'il est mort une fois pour toutes ; il est revenu à la vie, et c'est pour Dieu qu'il vit. Ainsi vous-mêmes, regardez-vous comme morts aux péchés, et comme vivants pour Dieu en Jésus-Christ.** » (Romains 6.6-11) Je vis une nouvelle naissance.

Il se passe dans ma vie quelque chose de divin : « **le salut est entré dans cette maison … ; car le fils de l'homme est venu chercher et sauver ce qui était perdu.** » (Luc 19.9-10) et « **Il n'y a de salut en aucun autre ; car il n'y a sous le ciel aucun autre nom qui ait été donné parmi les hommes, par lequel nous devions être sauvés.** »(Actes 4.12)

Didier et moi étions des hommes pécheurs, perdus, nos actes nous avaient condamné comme il est écrit en lévitique 20.10 : « *si un homme commet un adultère avec une femme marié, s'il commet un adultère avec la femme de son prochain, l'homme et la femme adultères seront punis de mort.* » mais dans sa Grâce infinie, Jésus voulait nous sauver, nous racheter : « *Ne savez-vous pas que les injustes n'hériteront point le royaume de Dieu ? Ne vous y trompés pas : ni les débauchés, ni les idolâtres, ni les adultères, ni les efféminés, ni les homosexuels, ni les voleurs, ni les cupides, ni les ivrognes, ni les outrageux, ni les ravisseurs, n'hériteront le royaume de Dieu. Et c'est là ce que vous étiez, quelques-uns d'entre vous. Mais vous avez été lavés, mais vous avez été sanctifiés, mais vous avez été justifiés au nom du Seigneur Jésus le Messie, et par l'Esprit de notre Dieu.* » 1 Corinthiens 6.9-11

Un nouvel être

Dès lors je me sens transformée, différente. Chaque jour qui passe est une nouvelle épreuve : mes filles qui voient tout cela d'un très mauvais œil, deviennent agressives. Quoi de plus difficile pour une maman que de décevoir ses enfants, elles ont perdu confiance en moi et en leur père ! Elles veulent le divorce, comme si elles ne se rendaient pas compte de ce que cela représente et engendre. Elles refusent de voir que l'amour peut renaître, quelque soit le passé. Mais ma confiance en Jésus est réelle, et j'entends sa voix : « **mes brebis entendent ma voix ; je les connais et elles me suivent.** » (Jean 10.27)

Je me sens tellement guidée dans ce que je dois entreprendre et je sais que cela ne vient pas de moi, mais d'une force qui est au-dessus de tout. Comment annoncer à nos enfants que le divorce n'aura pas lieu ?

Un témoignage à écrire

Face à tout ceux qui m'entourent et pour leur faire saisir au mieux ce que je vis, je me sens poussée à écrire mon témoignage sur l'œuvre que Dieu réalise dans notre vie ; ce que je m'applique à faire, et rapidement, à l'abri des regards. Je veux qu'il soit lu dans son intégralité pour être sûre d'être bien comprise. Je l'écris sans me soucier de ce qu'il m'arrivera, presque toute la famille sait que Didier m'a trahie mais tous, et surtout mes parents, ne savent pas que je n'ai guère fait mieux.

Je me pose énormément de questions : de quelle manière vais-je amener ce témoignage et à qui le faire lire en premier ?

Un soir, alors que je suis devant l'ordinateur pour terminer mon écrit (il ne me restait que des corrections à effectuer), ma plus jeune fille descend par envie de me parler. Je suis donc sur mes gardes, pour qu'elle ne puisse lire sur l'écran de l'ordinateur allumé et je surveille son regard. Un bref moment d'inattention… Puis j'observe son visage changeant brutalement d'expression.

Une ligne de mon écrit avait attiré son regard : « …le divorce n'aura pas lieu … ». La colère et la haine lui montent à la tête. Je veux lui expliquer, mais elle me pousse violemment contre le mur !

Je me sens désemparée et démunie, car à mes yeux il était trop tôt pour lui annoncer cette vérité que je rédigeais. Je décide de la laisser se calmer.

Mais sa colère s'amplifie et ses paroles deviennent dures. Ce n'est plus le regard de ma fille que je vois mais bien celles des forces du mal (c'est un regard que j'avais appris à reconnaître : Didier l'avait déjà eu et mon ami aussi à des moments particuliers ; ce regard était tellement intense et particulier qu'il faisait froid dans le dos). Prise de peur pour ma fille, je lui fais part en criant sur elle que son regard n'est autre que celui de l'ennemi, mais je la blesse profondément. Elle s'enfuit dans sa chambre en larmes.

Inquiète pour elle, je prie le Seigneur de m'aider ! Je tente une première fois d'aller la consoler dans sa chambre, mais son refus est catégorique. Comment faire ? Un texto ! Je sais qu'elle a toujours son portable et c'est un bon moyen de s'exprimer calmement.

Je l'invite donc à venir me rejoindre dans ma chambre et à lire dans son intégralité ce témoignage d'où elle n'a extraite qu'une seule phrase. Elle refuse, prétendant ne plus reconnaître sa maman et de plus, je lui ai fait mal.

C'est toujours en pleurs et en colère qu'elle se décide finalement à me rejoindre. Cela me semble difficile : elle n'est pas bien disposée pour lire ce que j'ai écrit et elle se montre totalement fermée !

Je décide alors d'éteindre la lumière en espérant qu'elle se calme et s'endorme !

Un court instant se passe et je la sens s'apaiser. Mes yeux s'ouvrent alors très grands ; il fait noir, mais la chambre semble un peu éclairée. Je n'arrive pas à fermer les yeux, je sens une présence et comme une voix qui résonne, mais elle ne s'adresse pas à moi, mais bien à ma fille : « Tu dois lire ». C'est alors qu'elle me tend aussitôt la main et me dit : « Donne-moi les feuilles, je vais lire. » Surprise, j'allume de suite et lui tends les papiers. J'ai le cœur qui bat vite et n'en revient pas de ce qui vient de se passer !

Mais elle survole les lignes et du coup ne saisit pas le sens de tout cela, et ne termine même pas la lecture jusqu'au bout. La rage lui monte une nouvelle fois. C'est un vent de folie dans la chambre et les mots dépassent sa pensée : elle hurle, elle bout, elle insulte son père et me touche en plein cœur sur le sens de son prénom et renie sa valeur !

Là, je m'effondre. Je le vois comme une attaque vis à vis de Dieu et ses mots ne me sont plus supportables. Prise de sanglots je n'arrête plus de pleurer !

Devant ma souffrance, ma fille se calme et me supplie d'arrêter de verser tant de larmes. Une phrase inattendue s'échappe de sa bouche : « Maman … je vais changer. »

Mes yeux pleurent encore, mais mon cœur sourit. Côte-à-côte, de nouveau calme, sa main rejoint la mienne et dans mes derniers sanglots, la prière que Jésus nous a révélé dans le « notre Père » sort de ma bouche. Il est tard. Dans sa colère, ma fille avait avoué sa peur de faire des cauchemars. La rassurant, elle s'endort, veillant sur son sommeil. Sa nuit fut calme et sans mauvais rêves !

Je me sens accompagnée. Et même si je passe par de grandes souffrances, les portes s'ouvrent, mes questions trouvent leurs réponses. Je ne sais jamais ce qui va se produire, mais j'avance avec mon précieux guide, Jésus !

Tout s'accélère

Le huit janvier, c'est l'anniversaire de Didier. Cela ne fait que deux semaines que les choses commencent à changer. Nos enfants font un premier grand pas en acceptant d'aller manger au restaurant, en compagnie de leur père, pour son anniversaire. Une seule manque à l'appel, mais c'est encourageant et ressemble à des tests de passage.

Mon jeune frère a lui aussi son anniversaire, une semaine plus tard. Je sais qu'il quitte son emploi dans notre région. Didier et moi décidons pour l'occasion de passer un moment au restaurant à trois. Seulement, la dernière fois que j'ai vu mon frère, c'était le jour de Noël. Excédé par tout ce qu'il avait entendu à propos de Didier, il avait quitté la table et la maison. Il n'a pas la moindre idée de ce que nous sommes en train de vivre, étonné même de notre invitation.

A table, Didier et moi reflétons la paix, ce que mon jeune frère voit rapidement. Avant de commencer à lui expliquer en toute simplicité ce qui nous arrive, je lui pose cette question : « Es-tu croyant ? En tout cas, je te connais, tu as le cœur pour y croire ! » Et nous lui racontons avec nos simples mots, ce que nous vivons sans rien lui cacher. Durant tout le repas, il ne cesse de pleurer d'émotion. Je ne saisis même pas pourquoi tant de larmes à propos de ce que nous vivons de réjouissant. Nous nous quittons finalement après de longues embrassades devant la porte du restaurant !

Une faim intense

Je ressens un réel besoin de nourriture spirituelle et c'est dans les Evangiles que je la trouve. Moi qui possédais ce précieux livre depuis si longtemps, sans jamais éprouver l'envie de l'ouvrir ! Aujourd'hui, tout est différent.

Mais comment lire les Ecritures ? Tant de questions surgissent en moi. Je demande donc au pasteur que j'ai rencontré, par quoi commencer, comme s'il y avait un mode d'emploi. Il m'invite à lire l'Evangile de Marc, ce que je m'empresse de faire. Je commence ma lecture et je m'arrête au quatrième chapitre exprimant la parabole du semeur et des différents terrains :

« Ecoutez ! Un semeur sortit pour semer. Comme il semait, une partie de la semence tomba le long du chemin : les oiseaux vinrent, et la mangèrent. Une autre partie tomba dans un endroit pierreux, où elle n'avait pas beaucoup de terre : elle leva aussitôt, parce qu'elle ne trouva pas un sol profond ; mais, quand le soleil parut, elle fut brûlée et sécha, fautes de racines. Une autre partie tomba parmi les épines : les épines montèrent, et l'étouffèrent, et ne donna point de fruit. Une autre partie tomba dans la bonne terre : elle donna du fruit qui montait et croissait, et elle rapporta trente, soixante et cent pour un. Puis il dit : Que celui qui a des oreilles pour entendre entende ! » Marc 4.3-9.

Il me faut toute une nuit pour saisir cette parole. Ce n'est que le lendemain qu'elle prendra vie en moi : je me rends compte à quel point, durant toutes ces années, à chaque fois que Dieu semait une graine en moi, celle-ci s'envolait. Désormais, je n'ai plus qu'une seule envie : que la terre de mon cœur soit labourée, remuée, retournée, rendue propre à laisser pénétrer et germer la semence, afin de donner du fruit. Cela fait trop longtemps que je suis arrêtée sur le bord du chemin et que je laisse les oiseaux picorer les graines que je reçois ! Tout est différent maintenant. Je prends plaisir à découvrir Dieu et Lui prend plaisir à se révéler ; j'expérimente quelque chose que je n'ai jamais vécu auparavant : les versets que je lis donnent du sens à ma vie, et la Parole de Dieu est devenue vivante!

Didier continue à cheminer de son côté ; il va aux réunions de prières, se laisse enseigner et nous nous voyons régulièrement. Un soir, il me ramène quelques photocopies reçues lors d'une réunion, concernant le thème du pardon. Je les lis et me sens interpellée. Les passages des photocopies sont extraits du livre « Choisir le pardon » de Nancy Leigh DeMoss, que je me procure.

Sa lecture m'explique et m'éclaire sur l'importance du pardon. Je me sens travaillée intérieurement, je dois aller plus loin. Certes, j'ai pardonné à la femme venue semer le trouble dans notre foyer, mais vis à vis d'elle, je sais que mon comportement n'a pas été très agréable. Je me sens poussée à lui écrire une lettre d'excuses. Avant même de le découvrir dans ce livre, je savais qu'il fallait que je le fasse !

Un passage du livre me touche aussi : c'est une phrase extraite d'un autre livre, un livre d'Oswald Chambers, « Tout pour qu'il règne » : « C'est une erreur de dire que Dieu nous pardonne parce qu'il est amour. (...) L'amour de Dieu exige le calvaire, et rien de moins. L'amour de Dieu est inscrit sur la croix et nulle part ailleurs. Dieu ne peut me pardonner qu'à la Croix de mon Seigneur ; là, sa justice est satisfaite. » Ce passage me fait saisir pleinement de quelle façon Dieu m'a pardonnée : par la croix !

J'écris alors à cette femme:

« Il y a quelques années de cela, Didier avait semé le doute sur sa fidélité et ce à plusieurs reprises. Mais il n'avait qu'une parole à dire et je le croyais. Jamais je n'ai cherché à en savoir plus car entre nous l'amour a toujours été !

J'ai eu une vie droite jusqu'à nos vingt de mariage ne pensant qu'à lui et mes enfants. Mais un jour, il y eut « vous » : une violente tempête a alors éclaté dans ma vie, comme si le monde s'écroulait. La colère et la haine grandissaient de jours en jours. Mes enfants ont été victimes de ce traumatisme, alors que leur vie était basée sur l'amour et les vœux d'un mariage réussi.

J'ai retenu beaucoup d'enseignements de ma mère, qui est pour moi un exemple à suivre. Sans jamais vraiment nous rappeler l'existence de Dieu, elle nous enseignait et appliquait tout simplement la parole de Dieu !

Je n'ai jamais essayé de vous surprendre avec mon mari. Non, je me suis abstenue de toutes ces démarches qui ne font qu'attiser la haine et la souffrance.

Je n'ai pas tenté grand chose contre vous. Ma mère m'avait appris que si la colère nous montait contre quelqu'un, nous pouvions l'exprimer par une lettre, mais au lieu de la lui envoyer, la jeter à la poubelle, afin d'éviter d'engendrer de la souffrance pour notre adversaire. C'est ce que j'ai fait à plusieurs reprises. J'ai aussi failli plusieurs fois à cet enseignement par quelques texto que je vous ai adressé. Mes mots pour vous, envers mes proches ont parfois été très méchants. C'est pour cela qu'aujourd'hui je vous demande pardon pour ce que j'ai pu entreprendre contre vous !

Dieu est dans ma vie depuis toujours et personne ne peut désunir ce que Dieu a uni. Chaque jour, sa fidélité se révèle, il a frappé au cœur de Didier alors que nous étions au point de rupture, il a entendu ma prière alors que je renonçais à notre mariage, il fallait sauver Didier.

Je me suis souvent posée la question, pourquoi ai-je dû traverser autant de souffrance. Je trouvais cela très injuste, mais je l'ai découvert récemment au travers d'un livre : « C'est une erreur de dire que Dieu nous pardonne parce qu'il est amour. (…) L'amour de Dieu exige le calvaire, et rien de moins. L'amour de Dieu est inscrit sur la croix et nulle part ailleurs. Dieu ne peut me pardonner qu'à la Croix de mon Seigneur ; là, sa justice est satisfaite. »

J'ai vécu une grande souffrance durant ces trois ans, mais je n'ai jamais perdu la foi. (…)

Je vous accorde à vous aussi mon pardon pour tout ce que vous avez suscité dans ma vie.

Pardonner n'est pas facile, c'est un pas coûteux et douloureux. Mais lorsqu'il est réel, il nous change vraiment, transforme notre vie et nous apporte la liberté, la paix, la joie.

Je ne suis pas sur terre pour vous juger, je n'en ai aucun droit. J'espère que vous saurez un jour déposer toute cette histoire derrière vous sans jamais y revenir. Car la rancune ronge l'être humain, rend amère et peut compromettre l'avenir heureux de la vie.

Je vous souhaite de trouver le bonheur auquel une femme peut prétendre et prie pour qu'un jour le Seigneur pose aussi sa main sur votre épaule.

Bonne route à vous

PS : l'extrait est tiré du livre « Choisir le pardon » de Nancy Leigh DeMoss, un livre à lire, relire et offrir à tous ceux qui souffrent. »

Et je lui envoie. Je n'attends pas de réponse. Par la suite, j'apprendrai que le fait de lui avoir adressée une lettre, je l'ai révolté. Qu'importe, je me sens libérée, en paix avec cette femme.

Les livres se suivent !

Dès lors, un livre en appelle un autre. Tous me parlent de sujets bien différents mais avec un lien. **« …Demandez, et l'on vous donnera : cherchez et vous trouverez ; frappez et l'on vous ouvrira. »** Luc 11.9. Dieu est au centre de mes lectures ; j'ai faim et soif de découvrir et de comprendre.

Un pas de plus

Noël est passé depuis un mois. Mon témoignage est rédigé. Je le transmets par mail à notre pasteur, c'est son anniversaire. Je l'envoie aussi à mes filles, mes sœurs puis mes frères ; il ne reste plus que mes parents qui ne l'ont pas eu. Cela me semble tellement difficile de leur révéler ce que j'ai vécu, surtout à mon père. Mais à nouveau, je suis travaillée intérieurement et ne peut plus résister, je leur annonce ma visite.

Je profite de la sieste de mon père pour lire mon témoignage à ma mère. J'ai une boule au ventre et la gorge serrée. Avouer à sa mère -être que je chéris- d'avoir commis un adultère alors que ma vie lui semblait droite, c'est briser l'image que je laissais paraître. Mais à ma grande surprise, sur son visage coulent des larmes, elles ne ressemblent pas à de la peine mais plutôt à de la joie. Je me demande même si elle a bien saisi ce que je viens de lui révéler.

Plusieurs semaines plus tard, elle me dira que cela lui rappelait la parabole de l'enfant prodigue (Luc 15.11-32).

Jésus nous dit : « **Humiliez-vous donc sous la puissante main de Dieu, afin qu'il vous élève au temps convenable ; et déchargez-vous sur lui de tous vos soucis car lui-même prends soin de vous** » 1 Pierre 5.6-7.
C'est exactement ce que je viens de vivre. Je suis partie révéler mon péché à ma mère, convaincue de la volonté du Seigneur et devant m'y soumettre même si la peur me tenait. Devant la réaction de ma mère, je repars avec la pensée que le Seigneur est infiniment bon et rempli d'amour pour nous !

Quant à mon père, je n'ai pas trouvé la force de le lui lire, de peur de lui faire mal. Je laisse le soin à ma mère de lui faire part de ce qu'elle a retenu de mon écrit.

Du côté de mon ami

Je ne le vois plus, mais les texto restent nombreux. Une petite guerre s'est installée entre nous, et les messages sont parfois violents. Un jour, les échanges prennent une mauvaise tournure à cause des mensonges de sa vie. Un message m'arrête net : « Tu te dis disciple de Dieu mais as-tu lu toutes les méchancetés que tu viens d'écrire ? » Je réagis tout de suite, car je n'y vois plus là une réponse de mon ami mais Dieu qui s'adresse à moi. Je reprends alors sur mon téléphone tous les messages envoyés et je vois à qu'elle point j'ai été sévère. Je lui demande immédiatement pardon ; à l'avenir, je serai plus vigilante avec mes mots ; je réalise pleinement ce que veut dire ce passage en Matthieu 15.11 : « **Ce n'est pas ce qui entre dans la bouche qui souille l'homme ; mais ce qui sort de la bouche, c'est ce qui souille l'homme.** »

Je veux rester son amie, mais il m'en veut tellement et reste sur un mode lamentation. Je pense encore pouvoir l'aider, mais il reste sourd. A plusieurs reprises, je lui envoie des livres et des lettres pour l'éclairer, mais rien n'y fait.

Alors, je me présente un jour à son domicile pour lui remettre aussi tout ce qu'il m'avait offert ; l'échange sur le trottoir est bref. Dans le sac j'ai pris soin de glisser un exemplaire de la Bible, cadeau qui me semble indispensable !

Une semaine au ski !

La relation avec Didier s'est pleinement rétablie, mais nous vivons toujours séparés. Nous sommes en février, vient le temps d'une semaine de vacances, réservée depuis plus de six mois. C'est pour nous l'occasion de vivre une semaine ensemble, avec deux de nos filles. Je la vois comme un test, une épreuve à passer avec peut-être au bout un retour à l'unité !

Durant cette semaine j'observe, écoute, regarde nos enfants et leur père… Le retour au foyer se dessine.

Mon ami m'envoie plusieurs texto : il n'intéresse personne et trouve que : « c'est dur de dire ou de faire croire que tout va pour le mieux. Je viens de passer une semaine formidable avec mon fils, et là suis comme un « con » à faire croire à tout le monde que je suis heureux ». Cela ne me laisse pas de marbre, au contraire. Durant toute la nuit, je ne trouve pas le sommeil. J'ai tellement envie d'apporter une réponse à sa souffrance. Je médite pendant de nombreuses heures, demandant sans cesse à Dieu de me parler à ce sujet. Ce n'est que tard dans la nuit que le sommeil m'emporte pour un rêve très bref : « Une ombre noire me poursuivait, elle grandissait au fur et à mesure qu'elle s'approchait de moi. Je me suis mise à courir, mais elle continuait à me suivre. C'est dans mon lit que je trouvais refuge. Le drap blanc que j'avais, me servait à calfeutrer la moindre issue pouvant s'offrir à cette ombre noire qui me terrifiait. » Je me réveille et une voix me dit : « Tu n'as plus besoin de ce drap car je suis avec toi ! » Cette nuit-là, je saisis que l'Esprit Saint s'était révélé et la confiance en Jésus règne en moi !

Dès le petit matin, j'envoie un petit message à mon ami :
« Tu sais, ne crois-tu pas que tu devrais t'asseoir un instant, regarder ta vie et constater que par rapport à ce que tu as vécu, le bonheur ne se trouve ni dans le mariage ni dans le célibat. Pose-toi la question alors : Dans quoi ou plutôt dans QUI se trouve-t-il ? Tu le vois dans l'amour d'une femme. Je pense que tu te trompes : si c'était cela, pourquoi as-tu divorcé de C. ? Regarde aussi la vie de ton ex-femme, elle a voulu avoir une autre histoire et finalement est-elle vraiment heureuse ? Non ! Recevoir une femme en mariage est une grâce de Dieu. Si tu places ta confiance en Lui, tu te rendras compte qu'il t'aime tel que tu es, alors c'est cela qui te sauvera… J'aimerais vraiment t'aider et pourrais parler des heures avec toi de tout cela. Rappelle-toi que je me suis toujours intéressée à ta vie. Mais hélas, tu as toujours été très secret. Je ne veux pas t'embêter avec ça, mais je ne peux avoir d'autre langage aujourd'hui. Je ne suis que le témoin de l'amour de Dieu pour l'homme… me crois-tu ? » Je ne vois pour lui qu'une seule solution à son mal être : Jésus !
A la fin de la semaine, la décision est prise, Didier vient revivre parmi nous.

Retour à la vie commune !

Une vie nouvelle commence : notre langage a changé, nos intentions l'un pour l'autre se sont accrues, mais nous sommes prudents et ni l'un ni l'autre ne brusquons les choses.

Le plus difficile est de se retrouver physiquement après tout ce que nous avons commis l'un envers l'autre.

Nous nous demandons mutuellement pardon pour tout le mal que nous nous sommes fait. Nous nous donnons le temps qu'il faut pour nous abandonner de nouveau l'un à l'autre ! Tout redevient possible, comme si nos erreurs s'effaçaient ; un véritable miracle !

Je me pose énormément de questions. J'ai une volonté décuplée comme jamais pour aimer pleinement de nouveau mon mari. Et lui est animé de la même volonté pour moi. Je ne veux pas de cette situation de réunion pour un temps mais pour toujours.

La confiance s'instaure de nouveau entre nous, les secrets n'existent plus. Didier travaille toujours dans le même endroit et donc forcément cette femme est toujours présente, mais je n'ai plus peur. Il me montre tous les messages qu'elle continue de lui envoyer, et de mon côté, je fais de même, car mon ami aussi n'a cessé de communiquer avec moi. Les messages reçus deviennent un sujet de discussion pour éviter tout mal entendu.

Je reste toujours persuadée que l'amitié entre mon ami et moi est possible et je ne souhaite qu'une chose : l'aider à sortir de sa situation en découvrant le Messie.

Je continue à m'entrainer pour le marathon, mais seule dans un premier temps. Alors que je cours dans la nature, des propos tenus par mon ami et moi sur ces courses extraordinaires de ces dernières années, me reviennent à l'esprit. Il était très envieux et jaloux que je puisse financer ces courses sans soucis. Il allait même jusqu'à dire que le retour de mon mari allait me permettre de faire les courses les plus prestigieuses au monde. C'est vrai que j'avais évoqué l'éventualité de courir le marathon de New-York mais c'était du temps où je le côtoyais. C'était d'ailleurs plus une envie de sa part que de la mienne. Mais aujourd'hui ma vie a changé.

En rentrant chez moi, je sais de façon certaine que Londres est le dernier marathon. Le Seigneur me l'ayant révélé : je ne ferais plus de grandes courses ! Je l'exprime d'ailleurs de suite à mon mari, puis plus tard à mon ami, qui ne me prend pas au sérieux !

Rencontre chez ma sœur

Ma sœur, ayant à cœur de me soutenir et m'aider, m'invite chez elle pour prendre un temps de partage. A ma grande surprise, mon jeune frère est là aussi. Il a l'air joyeux, mais que lui arrive-t-il ? Il m'apprend alors, que lorsqu'il nous a quittés la dernière fois au restaurant en pleurs, il ne pouvait plus dire autre chose à son patron que: « je suis sûr de la réalité de l'existence de Dieu ». Il avait vu de ses yeux le changement réel de Didier au restaurant, il lui avait vraiment semblé être un tout autre homme. Cette rencontre lui avait littéralement ouvert l'esprit. Décidément, je vivais un nouveau miracle : mon frère s'était lui aussi converti. A table, il priait et ne quittait plus sa Bible qu'il possédait secrètement depuis son service obligatoire dans l'armée, cadeau d'un militaire ! La joie est plus qu'immense.

Le dernier marathon

Je me sens pleinement habitée par le Christ et l'amour pour ceux qui sont sur mon chemin a beaucoup d'importance.

Nous sommes en mars et le marathon de Londres doit avoir lieu au début du mois prochain. Je n'ai rien annulé, mais le plus dramatique, c'est que j'ai une chambre réservée pour mon ami et moi. Cette fois, je ne veux pas renouveler la mauvaise expérience des billets de concert : c'est Didier qui viendra avec moi à Londres !
Tout ne se passe pas comme je l'espérais. J'ai repris les entrainements avec mon ami, histoire de le motiver pour cette course qui reste, il faut l'avouer, une épreuve difficile à préparer et à courir. Le revoir, n'est pas toujours facile car il m'en veut ; son visage est haineux et fermé et la rancune qu'il a développée envers Didier a augmenté.

Je l'encourage à chercher une chambre pour le marathon, mais rien à faire. Il s'entête et n'entreprend aucune démarche pour se loger, prétendant même qu'il dormira dans sa voiture. Seulement en avril, à Londres, les nuits sont froides et cela m'ennuie de savoir qu'il pourrait faire cela. En tant que chrétienne, je me sens responsable de la situation et je n'ai pas envie de l'abandonner à son sort.

Eprouvée par cette situation, je lui propose, avec l'accord de Didier, de venir avec nous, mais j'obtiens un « non » catégorique.

Les livres continuent à se succéder. En ce moment, je lis un petit fascicule intitulé « Plus grand que tout, l'Amour » d'Henry Drummond. Une première phrase m'interpelle : « C'est quand un homme n'a personne qui l'aime qu'il se suicide, aussi longtemps qu'il a des amis, des êtres qui l'aiment et qu'il peut aimer il vivra, car vivre c'est aimer et quand même ce ne serait qu'un chien, l'amour de ce chien le maintiendra en vie ; mais qu'il vienne à le perdre, rien ne le rattachera à la vie, privée de cette raison de vivre il n'a plus qu'à mourir »

C'est bien sûr à mon ami que je pense, car je le crois seul et en mauvaise passe. Je ne veux pas qu'il lui arrive quoi que ce soit.

Dans les jours suivants, je me rends à la station-service. J'ai comme un choc émotionnel en voyant un clochard qui, certes se tient souvent à cet endroit, vit avec un chien. La phrase que je viens d'évoquer, me revient à l'esprit. Attirée par cet homme, je lui demande ce dont il a besoin, car je m'apprête à faire des courses. Sa réponse fait écho à ce que j'ai lu : il veut à manger pour son chien !

Ma lecture se poursuit et une deuxième phrase m'interpelle : « La confiance n'est que le chemin qui mène à l'amour. » J'y vois là une clé pour montrer à mon ami notre amour, l'amour pour notre prochain. Même si j'ai fauté avec lui, je ne veux pas en faire un ennemi, et surtout, j'ai toujours le désir que lui aussi connaisse Jésus. Je me dis que si Didier accepte de lui céder sa place (qui au départ était celle de mon ami), ce serait un immense geste d'amour et de confiance qu'il lui témoigne. Nous lui tendons ainsi tous les deux la main vers cet amour fraternel qu'il recherche, je pense. Je sais que c'est une dure épreuve pour Didier, mais elle le sera aussi pour moi. Je serai jugée par mon entourage sur des choses qu'ils ne verront pas, mais juste imaginées. Je sais que je suis sous le regard de Dieu et ça me suffit, j'ai confiance !

D'ailleurs une troisième phrase me confirme que cette action entreprise me semble juste : « Les manquements aux exigences de l'amour sont la négation de l'Esprit du Christ, la preuve que nous ne l'avons jamais connu et que pour nous il a vécu en vain. » J'ai la certitude que le Seigneur, qui me connaît mieux que quiconque, connait mon désir de manifester de l'amour fraternel envers mon ami. Il fait participer Didier, par la même occasion, montrant ainsi la preuve de ce que l'amour du Seigneur peut faire sur un homme.

Alors qu'entre Didier et moi, je sens monter une révolte face à ce marathon, je veux vraiment être sûre de moi. Interrogative, j'ouvre ma bible : je reçois cette parole : **« Eloigne de toi, après un premier et un second avertissement celui qui provoque des divisions ; sache qu'un homme de cette espèce est perverti, et qu'il pèche, en se condamnant lui-même. »** Tite 3.10-11. Or j'avais déjà tenté de l'éloigner après le premier retour de Didier dans notre foyer. Il m'avait mis une telle pression que je n'avais pu retrouver l'envie réelle de reconstruire mon mariage. Je veux savoir qui est l'homme que j'ai fait entrer dans ma vie. Cette fois, j'ai la conviction que si je veux avancer et saisir la réalité de ce qui m'est arrivé, il faut que je fasse ce marathon. Soudainement, Didier ne me semble plus craintif et pense même pouvoir affronter en toute sérénité ce week-end dangereux.

Autre fait troublant : un jour reconduisant mon ami après un entrainement, j'aperçois une Mini jaune garée sur sa place de parking. Il m'avait fait part de la panne irréparable de son ancien véhicule, mais prétendait ne plus avoir d'autre voiture.

Arrive alors le jour J pour le marathon. Didier est parti chez ma sœur et mon beau-frère pour être serein et soutenu ! J'essaie de faire participer mon ami aux frais de déplacement et lui propose de prendre sa voiture pour se rendre à la gare. Il prétend que cela lui est impossible : il a une voiture de prêt la semaine et ne l'a pas le week-end. Bien que j'aie des doutes sur ses dires, je ne dis pas un mot, contrainte d'utiliser mon véhicule. Arrivée à Londres, il n'a pas prévu de monnaie anglaise et là encore, c'est moi qui finance tout.

Nous nous rendons rapidement au forum pour retirer notre dossard. Nous parcourons les divers stands, bien que pour moi ce soit le dernier marathon. Un homme me tend un prospectus : le marathon de Jérusalem qui n'existe que depuis l'année dernière. Bien sûr, cela me donne de la joie car c'est la ville choisie de Dieu. Est-ce une invitation ? Perplexe, je saisis le papier et me mets à rêver. Par texto, j'en fais part à Didier, qui s'en réjouit lui aussi!

L'attitude de mon ami est désagréable : il décharge sa haine sur moi toute la journée. Et dire que nous devons passer une nuit à l'hôtel et dans la même chambre. Après cette première journée, je ne peux m'empêcher de pleurer, il est tellement méchant.

Tandis qu'il s'absente pour fumer une cigarette, je me refugie dans la lecture de la Bible. Je lis en Jacques 4.13 : « **A vous maintenant qui dites : aujourd'hui ou demain nous irons dans telle ville, nous y passerons une année, nous trafiquerons et nous gagnerons ! Vous qui ne savez pas ce qui arrivera demain ! Car, qu'est ce que votre vie ? Vous êtes une vapeur qui paraît pour un peu de temps, et qui ensuite disparaît. Vous devriez dire, au contraire : Si Dieu le veut, nous vivrons, et nous ferons ceci ou cela. Mais maintenant vous vous glorifiez dans vos pensées orgueilleuses. C'est chose mauvaise de se glorifier de la sorte.**

Celui donc qui sait faire ce qui est bien, et qui ne le fait pas, commet un péché. »
Ce passage m'interpelle.

A son retour, me voyant lire la Bible, il se moque de moi. Le repas est quelque peu tendu, mais il s'est calmé ! Vient alors le soir et l'heure de se coucher.

Dès son arrivée dans la chambre d'hôtel, il se met à écarter rageusement les lits loin l'un de l'autre…ce qui d'ailleurs me rassure. Je mets tout en œuvre pour ne pas être désirable (j'ai emporté un pyjama plutôt qu'une chemise de nuit). Avant d'éteindre, notre discussion porte de nouveau sur le traumatisme de sa jeune vie d'adulte. Il m'en avait parlé que très tardivement dans notre relation. Il se rendait coupable de la disparition brutale de sa fiancée, il était resté amer et en voulait à la terre entière. Je le sentais en colère contre Dieu !

La nuit se passe dans le plus grand calme, je me sens réellement protégée par mon Sauveur !

J'avais mis le réveil à sonner, oubliant le décalage horaire. C'est donc avec deux heures d'avance que je me suis réveillée. Ce temps me permet de lire, avec mon ami, le passage de la Bible que j'avais lu la veille, lui faisant bien comprendre que si nous sommes ici, c'est parce que Dieu le veut.

Nous sommes partis courir ce marathon, où je me suis retrouvée d'ailleurs seule très rapidement.

Je garde un souvenir merveilleux, c'est la seule course où j'ai enfin pu lever les yeux et regardé tout ce qu'il y avait autour de moi : la foule qui nous encourageait sur tout le parcours, le soleil qui brillait en ce mois d'avril et surtout ce fruit, si important pour moi, tendu sur le chemin ! En effet, en quatre marathons j'avais appris à me connaître, et la seule chose que je pouvais ingurgiter en courant était une banane, ce qui me permettait de puiser l'énergie dont j'avais besoin pour tenir 42 km. Je savais qu'à Londres je serai confrontée à un gros problème : aucun aliment n'était prévu durant la course, mis à part des boissons énergétiques -que je ne digérai pas. Je suis donc contrainte de partir avec deux bananes en main sur la ligne de départ. Bien peu pour aller jusqu'au bout ! Au moment où il ne me reste aucune provision, une jeune personne me tend ce fruit pour terminer la course. C'est une nouvelle fois la main de Dieu qui m'accompagne et pourvoit à mes besoins !

Pressée de rentrer chez moi pour retrouver mon mari, je paie tous les frais de déplacement, comme une dette que j'avais envers mon ami, je sais aussi que je ne le reverrai plus.

Au retour, j'ai le sentiment de mettre trompée sur le message biblique reçu : je voyais toujours cet homme comme un être en colère contre Dieu, mais pas spécialement « perverti », il n'avait absolu rien tenté contre moi, durant ces deux jours. Dans le sens du mot « pervers », je ne voyais que le côté sexuel !

En tous cas, une chose était sûre : il n'a plus aucun pouvoir sur moi et je suis libérée : **« Si donc le Fils vous affranchit, vous serez réellement libre. »** Jean 8.36. Quelle grande délivrance !

Repas en commun

Les rencontres chez ma sœur deviennent fréquentes. Chaque fois que j'évoque un fait, elle est toujours interpellée par ce que je lui raconte. Elle aimerait que je partage à d'autres ce que nous avons vécu. Cela m'encourage aussi à formuler quelque chose de concret, se dessine alors un nouvel écrit !

En juin, elle organise une agape chez elle. Il s'agit d'un temps de partage de chrétiens autour d'un repas. Ma sœur me propose de témoigner avec Didier de ce que nous venons de vivre et de quelle façon le Seigneur restaure notre couple.

J'accepte avec, je dois l'avouer, beaucoup de joie mais aussi de peur, car parler en public ce n'est vraiment pas mon point fort. Ce qui m'angoisse le plus est d'apprendre la présence de mes parents. Même si nous avons repris la vie commune, je n'ai toujours pas réussi à dévoiler quoique ce soit à mon père, au sujet de notre histoire. Je ne peux plus reculer. Mais allait-il pouvoir entendre ce que nous allons dévoiler et découvrir ce que sa fille a commis, elle aussi ?
Le jour vient, et par la même occasion l'heure du témoignage aussi !

Cette épreuve me permet de constater que ma timidité, si pesante dans ma vie jusqu'à présent, s'est évaporée. C'est une réalité biblique : « **Car ce n'est pas un esprit de timidité que Dieu nous a donné ; au contraire, son Esprit nous remplit de force, d'amour et de sagesse.** » 2 Timothée 1.7

Je tremble intérieurement, mes parents sont assis proches de nous pour pouvoir entendre. Nous avançons dans notre récit préparé, presqu'une heure se passe et tout le monde reste attentif. C'est un moment difficile, rempli d'humiliation du fait de la révélation de tout ce que nous avons commis.

A la fin, je serre dans mes bras ma mère en pleurs et mon père s'enfuit au fond du jardin. Quelqu'un vient me chercher pour que j'aille le voir, car il pleure lui aussi. Je me précipite pour le retrouver et lui demander pardon pour tout ce que je lui ai caché. Dans ses bras, il m'exprime sa joie de voir le mariage de sa fille renaître. Il embrasse le pasteur qui se trouve lui aussi présent !

« **Humiliez-vous donc sous la puissante main de Dieu, afin qu'il vous élève en temps voulu.** » 1 Pierre 5.6

Désir de se faire baptiser

Ma vie a vraiment changé, je me sens renouvelée, animée et passionnée par Jésus. Par la lecture des Evangiles, je saisis que je dois me faire baptiser. Même si mes parents s'en sont chargés à ma naissance, je prends conscience que ce n'était qu'une présentation à Dieu mais aujourd'hui ma propre volonté est engagée. J'appartiens pleinement au Christ et je désire m'engager pour Lui. Ce passage dans la première lettre de Pierre m'invite à le faire : « **Cette eau était une figure du baptême, qui n'est pas la purification des souillures du corps, mais l'engagement d'une bonne conscience envers Dieu, et qui maintenant vous sauve, vous aussi, par la résurrection de Jésus Christ.** » 1 Pierre 3 -21

D'ailleurs sans même le demander au pasteur, celui-ci passe en juillet nous donner un petit enseignement concernant le baptême, comme une confirmation de ce que nous avons déjà décidé, car Didier aussi veut s'engager !

Vient alors le choix de la date, je désire vraiment m'en remettre à Dieu. L'église où nous allons, n'a pas de baptistère. Lors d'une agape entre deux églises, peu de temps après le premier partage, nous avions renouvelé notre témoignage. Les deux pasteurs étant très amis, ils nous proposent de faire notre baptême dans cette autre église. La date serait selon leur disponibilité, mais avant l'hiver pour éviter les difficultés sur les routes, l'église étant quelque peu éloignée en campagne. Le 20 novembre est retenu !

Que devient mon ancienne relation ?

Après le marathon de Londres, je continue à me soucier du devenir de mon ami. Sans que je ne demande quoique ce soit, quelques faits surprenants me parviennent :

Une fois par semaine, je me rends au marché et les quelques commerçants habituels me connaissent ; le boucher sachant mon intérêt pour la course, aime toujours discuter de ce sport. Il me rapporte qu'il a vu mon ami au volant de sa petite voiture. Surprise, je le laisse m'éclairer sur son véhicule. Il s'avère que c'est une Mini jaune, la même que j'avais pu voir sur sa place de parking ! Cela me revient en mémoire : il m'avait donc une nouvelle fois menti pour l'organisation du dernier marathon, prétendant ne pas avoir de véhicule pour se rendre à la gare. Je me sens abusée face à toute la bonne volonté que je mets en oeuvre pour l'aider!

Un peu plus tard, une de mes filles me rend visite et m'informe que son copain a rencontré mon ami avec sa femme dans un magasin. Là encore, je sais très bien qu'il n'a pas pu se marier en si peu de temps. Je lui demande donc de me la décrire, ce qu'elle fait par l'intermédiaire de son copain. Cette femme ressemble étrangement à celle qu'il côtoyait dans la salle de fitness.

Deux de mes filles désirent aller manger au Fast-Food, bien que je ne sois pas enthousiaste à leur sortie. Elles m'apprennent en rentrant qu'elles ont parlé à mon ami qui se rendait au bowling avec son fils et une femme. Cette entrevue inopinée, leurs avaient permis d'obtenir son prénom sans que je ne leur demande rien ; ce qui me confirme qu'il s'agit bien de la femme en question.
Quelques jours à peine après toutes ces informations, je me rends en ville avec une de mes filles, et aperçois à mon tour cette femme au détour d'une caisse d'un supermarché. Je demande à ma fille, si elle reconnaît cette femme, elle me dit que oui. Son identité est ainsi confirmée. Tout commence à s'éclairer ! Je me demande si durant ces trois ans cet homme ne s'est pas joué de moi.

Je m'interroge alors sur l'amour du prochain et ne comprend plus grand chose sur l'attitude à adopter avec cet homme qui continue de m'envoyer des messages plaintifs. Partageant beaucoup avec une amie chrétienne, je lui demande alors ce qu'elle en pense. Elle m'encourage à me détourner totalement de cet homme. M'examinant sans cesse je me surprends à attendre encore des messages de lui. Je me rends compte que je ne suis pas sur le bon chemin. Toutes ses informations reçues en peu de temps me travaillent intérieurement. Je ne veux plus continuer dans cette direction.

Je vais régulièrement aux enseignements qu'un ancien de l'assemblée, donne une fois par mois à l'église. Ce soir-là, le thème est : « Une génération perverse qui choisit sa victime ». Au cours de l'enseignement, la description d'un homme pervers me fait tendre l'oreille :

- le pervers est celui qui utilise l'autre.
- le pervers entre en relation pour séduire. Il commence par séduire, vous dit vos qualités etc. ... discours agréables.
- Il culpabilise les autres et ne se remet jamais en cause.
- Les victimes sont généreuses et ont du tempérament.
- Il est très séduisant pour le reste de l'entourage, personne ne peut aider la victime ni la croire.
- Il ment.
- Il sait se placer en victime pour qu'on le plaigne.
- Il peut être jaloux.
- Il ne tient pas compte des droits, des besoins et des désirs des autres.
- Il change ses opinions, ses comportements, ses sentiments selon les personnes ou les situations…

Face à cette description, j'ai comme une suée froide : elle correspond fortement à l'homme que je crois être mon ami. J'ai l'impression de sortir d'un mauvais rêve ! Maintenant, je saisis de quelle façon j'ai été trompée par cet homme. Tout ressurgit dans ma mémoire : les femmes qu'il choisissait, en général avec de bonnes ressources financières ; ses mensonges quotidiens ; il avait su entrer en douceur et subtilement dans la vie de mes filles en montrant de l'attention pour leur mère qui vivait un drame ; il essayait sans cesse de leur montrer aussi de l'intérêt, par des mots doux, cadeaux et présence, chose que leur père ne savait plus faire ; puis son aveu sur le désir de faire mal aux autres ; sa rencontre avec la femme que Didier côtoyait ; la jalousie qu'il éprouvait lors des décisions au sujet des marathons ; ses attitudes changeantes selon les situations et les personnes avec qui il se tenait. Et surtout, avant notre départ pour le marathon de Londres, ce message de la Bible sur lequel je pensais m'être trompée, disant **« sache qu'un homme de cette espèce est perverti … »** Je saisis enfin ce que le Seigneur voulait me faire découvrir.

Plusieurs dimanches auparavant, j'avais aussi reçu des prédications qui m'éclairaient sur tout ce que je pensais et qui s'avérait être faux. Nos sentiments nous mentent et il faut y prendre garde. L'amour ne signifie pas dire « oui à tout », c'est aussi savoir dire non pour le bien de l'autre.

De même, cette parabole de Jésus apportée lors d'un prêche, venait mettre de la lumière en moi : Luc 11.24-26 : **« Lorsque l'esprit impur est sorti d'un homme, il va dans des lieux arides, pour chercher du repos. N'en trouvant point, il dit : je retournerai dans ma maison d'où je suis sorti ; et, quand il arrive, il la trouve balayée et ornée. Alors il s'en va, et il prend sept autres esprits plus méchants que lui ; ils entrent dans la maison, s'y établissent, et la dernière condition de cet homme est pire que la première. »** Dieu m'avait délivrée de l'esprit impur auquel je m'étais liée ; cette maison dont parle cette parabole n'est ni plus ni moins mon corps. Le ménage venait d'être fait dans ma vie, mais si je n'écoutais pas l'Esprit de Dieu qui vit en moi, si je gardais un reste de ce qui est venu mettre le trouble, je me mettais en danger et laissais accès au diable. Je saisis alors que je ne peux garder la moindre amitié avec mon « ami », amitié que je prétends vouloir préserver, afin de l'aider.

Tout est mis en place devant moi, pour me permettre de discerner la fin de ma relation avec cet homme de façon ferme et définitive. Devant l'absence soudaine de réponses à ses messages, il m'envoie un jour ceci : « Dois-je t'effacer de mes pensées ? » Je lui réponds : « tu as tout compris, fin. » Je change par la suite de numéro de portable pour ne plus avoir de contact avec lui. Je viens de saisir que je dois cesser de porter un regard de pitié sur ce qui est mauvais ! Six mois d'indices et de messages de Dieu à décrypter pour que la lumière règne enfin en moi et ce, quelques jours à peine avant notre baptême. Je pardonne à mon « ami » tout ce qu'il a entrepris contre Didier et moi ; son cœur semble vide, en colère ; il reste aveugle et sourd. Peut-être ne sait-il même pas qui il est vraiment ?

Notre Baptême

Entre la décision de se faire baptiser et la date prévue du baptême, Didier et moi vivons des tensions. Il a l'impression que le Seigneur veut lui prendre sa femme et du coup n'est plus certain de vouloir se faire baptiser. C'est en m'exprimant sa pensée que je comprends que l'ennemi veut une nouvelle fois nous empêcher d'avancer dans l'unité. Je demande donc à Didier de m'expliquer comment il peut penser que Dieu veut lui prendre sa femme alors qu'il nous a rendu l'un à l'autre en annulant notre divorce et en restaurant notre mariage. Cela ne peut être qu'un non-sens, une pensée déposée par le malin dans l'esprit de mon mari !
C'est en découvrant cette vérité que nous pouvons aborder sereinement notre baptême, la tension entre nous disparait.
Une chose formidable se produit la veille de notre baptême : lorsque j'avais lu le livre « Choisir le pardon » au tout début de notre restauration, une phrase importante (cité un peu plus haut dans le même chapitre : « une faim intense ») m'avait amenée à acheter un autre livre « Tout pour qu'il règne » d'Oswald Chambers, un livre de méditations quotidiennes. Neuf mois se sont écoulés. J'espère toujours retrouver et

lire ce passage d'où la phrase avait été extraite. Cette citation m'avait donné l'envie de lire ce livre.

C'est la veille de notre baptême que je retrouve précisément ce texte :

« 19 NOVEMBRE

QUAND IL SERA VENU !

Et quand il sera venu, il convaincra le monde en ce qui concerne le péché...Jean 16.8

Bien peu d'entre nous connaissent une profonde conviction de péché. Nous savons ce que c'est que d'être troublés parce que nous avons mal agi ; mais la conviction de péché opérée en nous par le Saint-Esprit efface tout autre pensée et n'en laisse qu'une seule : « j'ai péché contre toi, contre toi seul. » Quand un homme est ainsi convaincu de péché, il comprend parfaitement que Dieu ne peut pas le pardonner ; car s'il le faisait, il abaisserait sa justice au-dessus de celle des hommes. Dieu pourtant nous a pardonnés, mais il a fallu que son cœur soit brisé par la mort de son Fils. Le grand miracle de la grâce de Dieu, c'est le pardon de nos péchés, et c'est seulement par la mort de Jésus-Christ que Dieu peut pardonner sans cesser d'être un Dieu juste. C'est une erreur de dire que Dieu nous pardonne parce qu'il est amour. Quand nous aurons été vraiment convaincus de péché, nous ne le redirons plus jamais.
L'amour de Dieu exige le Calvaire, et rien de moins. L'amour de Dieu est inscrit sur la croix, et nulle part ailleurs. Dieu ne peut me pardonner qu'à la croix de mon Seigneur ; là, sa justice est satisfaite.
Le pardon n'implique pas seulement que je suis sauvé de l'enfer et accepté pour le ciel (personne ne voudrait accepter un tel pardon). Mais, par le pardon, ma

communion avec Dieu est recréée, je suis uni à Dieu par Jésus Christ. Le miracle de la Rédemption est que Dieu fait de moi, pécheur, le reflet de son Fils, en substituant à ma nature celle même de Jésus-Christ.

A cette lecture, des larmes coulent sur mes joues tant j'éprouve de la joie et de la reconnaissance pour tout ce que Dieu m'a fait saisir dans l'œuvre de la croix. Je me souvenais à quel point, le jour où j'avais été convaincue de péché, je criais : « Dieu ne me pardonnera jamais. » Pourtant il me fit sentir son pardon par le sacrifice de Jésus. Tout était le reflet exact de ce que j'avais non seulement vécu, mais également découvert par la suite au travers des Evangiles !

Et le lendemain, jour de notre baptême, la méditation est exceptionnelle. Elle confirme le sujet de la précédente:

« 20 NOVEMBRE

LE PARDON DE DIEU

… **Son Bien-aimé, en qui nous avons … la rémission des péchés…Ephésiens 1.7**

Nous devons nous garder d'une certaine manière de présenter Dieu qui ne se trouve pas dans le Nouveau Testament. Dieu, dit-on parfois, est un père si tendre et plein d'amour que certainement il pardonnera à tous ! Il ne peut nous pardonner que grâce à la terrible tragédie de la croix de Christ. Supposer que le pardon puisse être accordé d'une autre façon est, même sans que l'on s'en rende compte, un blasphème. Le pardon, qui est si facile à recevoir, a coûté à Jésus l'agonie du calvaire. Nous pouvons accepter le pardon de nos péchés, le don du Saint-Esprit, et notre sanctification, avec la simplicité de la foi, et oublier quel prix immense Dieu a dû payer pour que tout cela puisse nous être donné.

Le pardon est le divin miracle de la grâce. Pour que Dieu puisse pardonner le péché sans cesser d'être un Dieu juste, il a fallu la croix de Jésus-Christ. Il faut repousser une conception de la Paternité divine qui exclut l'Expiation. Le Dieu Saint ne peut pas nous pardonner ; s'il le faisait, ce serait une iniquité. Pour que nous puissions l'être, il faut que l'Expiation nous ramène à lui. Le pardon de Dieu ne devient possible que par la Rédemption.

Comparée au miracle que constitue le pardon des péchés, l'expérience de la sanctification paraît plus facile. Ce n'est que la réalisation merveilleuse du pardon des péchés dans la vie humaine. Mais ce qui nous remplit de la plus profonde reconnaissance envers Dieu, c'est le pardon de nos péchés. Paul a toujours senti cela profondément. Quand vous vous serez rendu compte de la grandeur immense d'un tel pardon, l'amour de Dieu vous étreindra le cœur. »

Cette lecture me plonge dans une compréhension et une dimension profonde de l'œuvre à la croix. Je me sens si prêt du cœur de Dieu, pleinement pardonnée et il me serre si fort dans ses bras. Dieu le Père, nous a donné son Fils, le seul vrai juste, pour porter le prix de nos péchés sur la croix en versant son sang car **« *sans effusion de sang il n'y a de pardon.* »** Hébreux 9.22 et **« *il a paru une seule fois pour effacer le péché par son sacrifice.* »** hébreux 9.26. La mort et la résurrection de Jésus nous mènent à Dieu, sans cette œuvre le pardon divin ne pouvait nous être accordé!

Je réalise parfaitement que le choix de la date de notre baptême n'était pas le nôtre, mais celui de Dieu pour nous. Quelle joie de devenir son enfant.

Ce jour-là, je prie longuement pour que nos quatre filles soient présentes, car les relations avec deux d'entre elles restent toujours assez douloureuses. Dieu répond à cette prière par leur présence. Je désire tellement qu'elles entendent notre témoignage, oubliant la différence entre entendre et comprendre. La joie n'est pas vraiment dans leurs cœurs.

« Tu devrais l'écrire »

C'est aussi ce jour-là que le mari de ma nièce, d'origine guadeloupéenne, me dit avec enthousiasme : « Tu devrais écrire tout ça ».
Journée intense que cette journée : notre témoignage, l'émotion, la joie, les larmes aussi pour quelques-uns. Je reçois avec plaisir de ma sœur et sa famille un livre : « Méditations quotidiennes pour le couple » de Gary Chapman. Le soir venu, je m'installe dans mon lit avec l'irrésistible envie de lire la page du jour. Que dit le verset du jour qui s'achève : « **Cherche à être juste, sois fidèle à Dieu. Vis avec foi, amour, patience et douceur. Combats le beau combat au service de la foi, afin de vivre avec Dieu pour toujours. C'est pour cette vie qu'il t'a appelé. Tu as reconnu cela le jour où tu as affirmé clairement ta foi devant beaucoup de témoins.** » 1 Timothée 6.11-12

Décidément, Dieu me comble de joie en lisant ce verset qui correspond parfaitement à ce que nous venions de vivre ce jour par notre engagement pour notre Sauveur. Je suis émerveillée par sa grandeur ; il parle directement au cœur, nous révèle qu'aujourd'hui nous lui appartenons. Je partage, par un dernier texto, à ma sœur de ce que je viens de lire ! C'est tout simplement formidable, que Dieu, que l'on ne voit pas, puisse faire sentir sa présence avec autant de puissance !

Rencontre de Tim.

Peu de temps après notre baptême, je reçois un mail de notre pasteur : une demande d'hébergement de jeunes cambodgiens. Ils sont accompagnés d'un missionnaire d'origine anglaise, Tim, arrivant bien sûr du Cambodge. Sans nous concerter, ma sœur et moi répondons à cet appel.

Une chose peu ordinaire se produit alors : ma sœur ne peut faire accepter la demande d'hébergement par la mairie de sa commune, tandis que de mon côté la démarche se passe sans souci. A nous deux, le projet se finalise : les cambodgiens ont une maison d'accueil chez ma sœur, habitant plus près de leur lieu de rencontre quotidienne et le dossier d'hébergement en France est accepté par la mairie de mon village.

N'ayant participé que de loin à ce court séjour missionnaire, j'invite Tim et ces jeunes cambodgiens à passer leur dernière journée en France autour d'un repas, afin de faire leur connaissance ! C'est au cours du repas que le jeune pasteur me demande : « Et toi, comment as-tu rencontré Jésus ? » Je lui réponds : « Veux-tu vraiment savoir ?... car ça risque d'être long ! » Devant son enthousiasme, et parce que le témoignage de mon baptême était tout récent, je me lance dans le récit du miracle que je vis. Je raconte la façon dont Jésus nous a restaurés et nous a renouvelés par sa grâce ! Entre deux, il traduit en anglais à une cambodgienne, traduisant à son tour dans sa langue natale aux plus jeunes.

A la fin de mon récit, Tim me dit : « Tu devrais vraiment écrire tout cela ! »

C'est la deuxième personne qui m'encourage à écrire ce témoignage. J'en reste étonnée ! Juste après son départ, je prie le Seigneur en lui demandant, si c'est vraiment ce qu'il attend de moi, de me le confirmer par une troisième personne. Je garde cette prière secrète et n'en révèle rien à personne !

La confirmation

Il ne me faut pas longtemps pour obtenir ce troisième : « Tu devrais écrire tout cela ». Je me rends au culte comme tous les dimanches, et discute avec un ami que j'apprécie beaucoup pour tous les enseignements constructifs, enrichissants et édifiants qu'il nous apporte régulièrement. Je partage avec lui ce que j'ai lu dans le livre offert par ma sœur le jour de notre baptême, aux sujets des versets de 1 Timothée 6.11-12. Lui aussi trouve cela formidable et sans que je m'y attende, il prononce à son tour la phrase espérée. Les autres fois, elle concernait mon témoignage mais cet ami l'avait déjà entendu à deux reprises sans me dire de l'écrire. Je n'ai donc rien provoqué volontairement. Je n'ai plus de doute, la phrase prononcée me remplit de joie. Un travail d'écriture m'attend. Je n'ai qu'un seul désir : élever le glorieux et Saint nom de Jésus.

CHAPITRE 4

Découverte de l'action de l'ennemi

Je me suis mise à passer ma vie en revue. J'ai pris le temps de réfléchir et j'ai poursuivi aussi mes lectures, qui m'ont aidée à prendre conscience de l'œuvre de destruction du malin dans notre vie.

C'est aussi un peu pour cette raison que tout au long du premier chapitre, j'ai révélé quelques épisodes de ma vie. Peut-être vous ont-ils laissés perplexes quant à leur place dans ce livre ?

Je sais, aujourd'hui que l'ennemi nous observe et ce, depuis que nous sommes tout petit ; il connaît nos points faibles ; ce qui nous fait réagir avec colère ou au contraire, ce qui nous amène à nous renfermer sur nous-mêmes, comme le sentiment de honte, déposée sur nous. Et il joue avec nous, comme avec une marionnette tirant sur les ficelles, son but étant de détruire.

Dans mon cas, la honte, je l'ai connue très jeune. A cette époque, je ne pouvais mettre un nom sur les actes que j'ai subi. J'ai avancé dans la vie avec cette souillure, pensant qu'elle s'effacerait un jour, si elle restait secrète. Trop jeune certainement pour bien raisonner, à aucun moment, je n'ai pensé que c'était celui qui inflige à l'autre un mauvais traitement, qui est coupable. Je ne pensais qu'à ce sentiment de gêne et de jugement, si l'on découvrait ce que j'avais vécu, auraient pu entrainer pour moi. La timidité et la peur que l'on me montre du doigt, m'ont empêchée de parler et de me confier, il fallait que j'enfouisse au plus profond de moi cette blessure, et qu'elle ne soit connue de personne !

Cette mauvaise interprétation des événements m'a forcément poursuivi lorsque j'ai contracté ce fameux virus : le Papillomavirus, qui se transmet lors de relations sexuelles avec différents partenaires. A ce moment-là, je n'avais connu qu'un seul homme dans ma vie, et Didier n'avait eu, lui aussi et à ma connaissance, qu'une seule femme, moi. Il n'y avait donc aucune raison que je contracte ce virus. Lorsque le diagnostic est tombé, ce qui m'est venu à l'esprit, c'est la peur que mon gynécologue me voit comme une femme infidèle, et non mon mari.

De plus, je savais que Didier et lui étaient amis et qu'ils travaillaient ensemble. Pour ne pas faire porter les soupçons sur mon mari, la question que je désirais poser : « Est-il possible que j'attrape ce virus en n'ayant jamais eu d'autre partenaire que mon mari ? » est restée en suspens ! Je me sentais de nouveau contrainte à me taire. La honte, ce n'était pas Didier qui la supportait, mais bel et bien moi, et le silence était de rigueur, tout comme lorsque j'étais jeune !

A force de me le répéter, je pensais porter une étiquette : « femme jalouse », aux yeux de Didier. Ainsi, lorsque je lui montrais du mécontentement de ses sorties, parce j'avais peur qu'il finisse par rencontrer une femme qui le séduise, il s'en servait aisément pour me laisser croire que j'étais en tord et non lui.

Récemment, en Exode 20.5, j'ai lu : **« Tu ne te prosterneras point devant elles, et tu ne les serviras point : car moi, l'Eternel, ton Dieu, je suis un Dieux jaloux, qui punit l'iniquité des pères sur les enfants jusqu'à la troisième et à la quatrième génération de ceux qui me haïssent, et qui fait miséricorde jusqu'à mille générations à ceux qui m'aiment et qui gardent mes commandements. »**

Dieu est donc jaloux ? Etrange ! Ma curiosité me pousse à rechercher dans le dictionnaire le sens de ce mot. Que mettons-nous derrière les mots ? Bien sûr, la première définition que nous trouvons est : « sentiment d'envie à l'égard de quelqu'un qui possède ce que l'on n'a pas », mais l'autre sens est : « qui craint l'infidélité de l'être aimé ». N'est-ce pas normal d'avoir cette crainte lorsque nous aimons quelqu'un ? Et Dieu du haut des cieux éprouve la même chose pour l'homme et l'exprime clairement dans ce passage de la Bible : « tu ne te prosterneras pas devant elles ». Il s'agit ici d'images taillées, des idoles (les statues représentant de faux dieux ou bien même l'argent, l'orgueil …), de tout ce qui n'est pas conforme à sa volonté et qui pourraient corrompre l'homme et du coup le détourner de Dieu. Si son désir est de nous tenir éloigner de toutes ses images taillées c'est parce qu'il connaît ses effets nocifs sur l'homme et Dieu ne veut que notre bien, parce qu'il aime sa création.

Le sentiment que j'éprouvais lorsque mon mari sortait dîner avec le personnel soignant féminin, était alors un sentiment légitime. On ne pouvait pas me le reprocher, puisque je n'enviais pas ces femmes, mais j'avais peur que mon mari finisse par m'être infidèle, à force de les fréquenter.

Cela prouve une nouvelle fois que l'ennemi était à l'œuvre, en inversant le sentiment positif en un sentiment négatif, donnant ainsi raison à Didier lorsqu'il sortait et me culpabilisant par l'étiquette que je portais : « femme jalouse ».

J'ai constaté aussi que j'avais été réduite au silence, ne pouvant exprimer quoique ce soit à mes proches sur la découverte de l'adultère de mon mari, me privant ainsi à ne recevoir aucuns conseils et soutien de la part de ma famille.
J'avais reproduit la même attitude de soumission au silence face aux manquements de Didier, à l'image de ce qui c'était produit lors de la chute du fauteuil de notre petite fille le jour de ses neufs mois. Je ne voulais pourtant pas l'humilier ce jour là auprès de ma famille mais juste partager mes peurs en ce qui concernait ma fille. Mais Didier m'avait défendu d'en parler (peut être par peur du quand dira-t-on) et je m'étais résignée à me taire. L'ennemi m'avait fait croire que mon mari avait un

pouvoir autoritaire sur moi, capable de réduire la liberté d'expression de mes souffrances. Cette pression existait toujours et m'empêchait de recevoir l'accompagnement dont j'avais besoin auprès des miens. Il m'aura fallu attendre d'être à la porte du divorce pour pouvoir oser parler des agissements de Didier à mon jeune frère, puis à ma sœur.

J'ai pu constater aussi que le diable influence et manipule nos pensées, tout comme il est venu tenter Eve dans le jardin d'Eden « Dieu a-t-il réellement dit : Vous ne mangerez pas de tous les arbres du jardin ? » genèse 3.2, il déforme subtilement ce que Dieu a dit, il sème le doute et flatte notre orgueil. Lorsque je me suis retrouvée en voiture avec cet homme qui me proposait de l'embrasser, je croyais en Dieu. Je savais que je ne devais pas commettre d'adultère, car j'étais unie à un homme par les liens du mariage. Pourquoi ai-je donc cru que c'était Dieu qui m'envoyait cet homme pour me soulager des souffrances que mon mari m'infligeait en commettant l'adultère ? Pourquoi devant les éléments qui se déchaînaient subitement, je n'ai pas pris peur, face à la colère de Dieu ?

Mes pensées à ce moment-là étaient en contradiction avec les commandements de Dieu. L'ennemi avait réussi à me séduire parce que je souffrais. Il m'aveuglait et par ce baiser, je succombais à la tentation. Il nous appâte toujours avec des choses agréables ; un doux baiser au bon goût, la délivrance d'une souffrance qui ne m'a soulagée en rien et qui au contraire m'a entraînée à connaître davantage de tourments. Il avait trouvé la brèche : l'infidélité de mon mari que je ne pouvais supporter et que je n'avais pas sue pardonner.

Finalement en revenant sur le passé, j'ai vraiment pu constater qu'un piège machiavélique s'était refermé sur moi. Didier m'avoua que voyant que je commençais à être attirée par un autre homme, il me poussa littéralement dans ses bras. Je m'en suis rendue compte, à l'occasion du marathon d'Amsterdam, lorsque j'avais dû pour la première fois réserver une chambre d'hôtel avec mon ami. Il me proposa de partager la même chambre que lui et cela m'avait profondément étonnée. C'est à ce moment-là que j'avais le plus besoin de sa protection et j'avais envie de lui dire : « Retiens-moi, empêche-moi de commettre une bêtise ! » Seulement, ce que je ne savais pas, c'est que Didier portait un lourd fardeau : celui de tous ses adultères. Il m'aimait, mais il n'avait pas réussi à me rester fidèle et il n'arrivait plus à vivre avec cette charge. Il s'était mis à penser que si je vivais moi aussi la même chose que lui, je pourrais peut-être le comprendre et partager son fardeau. Seulement, l'effet produit a été tout autre, il a poursuivi dans ce sens jusqu'au jour où il a constaté qu'il avait été trop loin et perdu la femme qu'il aimait !

De l'autre côté, avec mon ami, tout était aussi mis en œuvre pour m'éloigner de mon mari. Au tout début, il m'avait fait des promesses : rien n'arriverait entre nous. Puis au fil du temps, il s'est fait prendre en pitié, point sur lequel j'étais particulièrement vulnérable et sensible. Nous nous sommes liés par un baiser ; puis par les courses, car j'avais peur de courir seule. Plus nous avancions, plus des éléments contre Didier s'ajoutaient : la fille de mon ami vivait avec un homme ayant de la parenté féminine, qui travaillait dans le même établissement que Didier. Cette femme faisait passer mon mari pour un homme cruel et sans cœur. Et bien sûr, tous ces propos arrivaient à mes oreilles et brisaient de plus en plus l'amour que nous avions jadis l'un pour l'autre.

Mais tout comme Joseph (fils de Jacob) a pu dire à ses frères en Genèse 50.20 : « **Vous aviez formé le projet de me faire du mal, Dieu l'a transformé en bien pour accomplir ce qui arrive aujourd'hui.** » Dieu est toujours le même hier comme aujourd'hui et demain.

La présence de Dieu

J'ai aussi constaté que Dieu s'est toujours tenu à mes côtés. A plusieurs reprises, des indices et des preuves m'avaient été donnés pour découvrir que Didier m'était infidèle. Au lieu de chercher et de dialoguer avec mon mari, j'ai enfoui au plus profond de moi tous ces renseignements, refusant de croire que Didier pouvait commettre de tels actes !

En examinant ma vie, j'ai pu découvrir le fil de notre existence : rien ne se fait au hasard. En effet, si Didier ne m'avait pas offert ce piercing, je n'aurais pas fait de phlébite, m'amenant à changer de moyen de contraception. Je n'aurais pas non plus eu de raison de me faire suivre plus souvent par le gynécologue, ce qui a permis la découverte d'un cancer dû à un virus contracté par les écarts de conduite de mon mari. Je ne vois en tout cela que la protection divine sur moi et l'importance de s'attacher à la vérité. Dieu se sert de tout ce qui nous arrive et transforme le mal en bien afin de nous permettre de le rencontrer en temps voulu! (Lire l'exemple de Joseph, Genèse 50.17-21)

J'ai découvert qu'à travers les épreuves et les événements par lesquels je suis passée, le Seigneur m'a préparée à répondre à son appel. Il a aussi travaillé le terrain de mon cœur en vue de recevoir le Saint-Esprit (comme dans la parabole du semeur et des terrains) ; il m'a permise de prendre conscience de ma chute : plus particulièrement le jour où j'ai commis le péché de façon consciente, afin de me rendre compte de l'obstacle existant pour devenir disciple de Jésus, car je ne le voyais pas. Depuis longtemps, je sais que je suis attirée par Jésus, mais ce n'était ni mon honnêteté, ni ma sincérité qui me permettaient d'être son disciple. Je ne connaissais pas la Parole des Ecritures et la Vérité qu'elle contient et je n'avais pas reçu non plus le Saint-Esprit, me permettant de la comprendre.

Ma première fracture de fatigue au niveau de la cheville, était un premier signe : la possibilité de m'éloigner de cet homme ; premier message qui me disait tout bas : « Ta marche est mauvaise, arrête-toi là! » car le pied symbolise la marche, et je m'écartais du droit chemin, à ce moment-là aucuns liens n'existaient entre cet homme et moi, hélas, je commençais à ne plus rien voir, ni entendre et m'entêter dans cette direction. (Nous pouvons retrouver cet exemple en Nombre 22.24-25 lorsque Dieu place l'ange de l'Eternel sur le sentier et que l'ânesse écrase le pied de Balaam contre le mur pour lui montrer que sa marche est mauvaise.)

Dieu utilise aussi nos ennemis pour nous donner des informations : en effet, l'appel téléphonique reçu un jour de cette femme m'encourageant à ne pas poursuivre dans cette direction. Certes, cet homme l'intéressait, mais le message était : « Détourne-toi de cette mauvaise voie ! ». Hélas, je ne l'ai pas écouté et me suis obstinée.

Récemment en nettoyant notre chambre, je sentais mon Seigneur me dire : « Ouvre le cahier de la table de chevet ». Il contenait le poème de « la plume d'or » reçu durant une nuit où j'étais éveillée:

« Comme une goutte de rosée tombée du firmament
Nourrissant la fleur sauvage sous les lueurs du soleil levant
Exaltant son doux parfum délivré par le vent
Enivrant ton espace pour libérer ton esprit. »

Sa lecture me fait fondre en larmes de joie : je viens de saisir que ce qui m'avait été délivré ce soir-là, n'était autre que l'annonce du changement que ma vie connaîtrait. Je représentais cette fleur sauvage, car je m'étais remplie d'amertumes. J'avais besoin de nourriture, besoin de délivrance, besoin d'être saisie par l'Esprit divin et remplie de ce doux parfum qu'est l'amour de Jésus!

Aujourd'hui, je retrouve ce poème dans différents passages de la Bible :

En Michée 5.6 **« comme une rosée qui vient de l'Eternel »** ainsi qu'en deutéronome 32.2 *« que ma parole tombe comme la rosée. »*

Dans le cantique de Zacharie, en Luc 1.78 **« en vertu de laquelle le soleil levant nous a visités d'en haut »** ; le soleil levant n'est autre que la Parole de Dieu qui s'est fait vivante.

Quant au vent il est écrit en Jean 3.8 :**« le vent souffle où il veut, et tu en entends le bruit ; mais tu ne sais d'où il vient, ni où il va. Il en est ainsi de tout homme qui est né de l'Esprit. »** .

Le Cantique des Cantiques 1.3 nous parle aussi de parfum : **« Tes parfums ont une odeur suave ; ton nom est un parfum qui se répand. »**

Ce soir-là, je ne savais d'où venaient ces mots, je ne connaissais aucun verset de la Bible. Un an après avoir été libéré de mes péchés, ce poème prenait tout son sens, car une véritable passion pour mon sauveur existe aujourd'hui.

Deux grandes questions

Lorsque ma fille aînée a découvert la présence d'une autre femme dans la vie de son père, je me suis longtemps demandée : « Pourquoi moi ? ». Je lui avais été fidèle. Pourquoi cette injustice ? Pourquoi à mon tour avais-je commis ces erreurs ? La réponse est : je ne marchais pas pleinement avec Dieu. Je croyais certes, mais ma vision était erronée. Je n'avais pas remis ma vie entre les mains de Dieu et j'agissais selon ma conscience et mes envies et non selon les préceptes et la volonté de Dieu. Et surtout, je n'avais pas de relation avec Dieu, la communication n'était pas établie entre nous.

Une autre question que je me suis aussi longtemps posée, et à laquelle j'ai reçu la réponse, était : « Pourquoi Didier m'avait-il envoyé ce mail m'avouant le nombre de femmes qu'il avait connu depuis notre mariage ? ». La lecture de ce mail m'avait fait si mal que je désirais ne plus jamais ouvrir les yeux.

Au fond de moi, je connaissais ses actes, mais j'avais enfoui ces données profondément en moi pour ne pas affronter la réalité. Didier, de son coté, avait été profondément travaillé par l'Esprit-Saint, qui ne cessait de lui dire : « Avoue tout à ta femme ». Il avait même appelé le pasteur pour lui demander ce qu'il devait faire. La seule réponse qu'il avait obtenue, était : « Obéis à ce que le Seigneur te demande ! ». Il avait peur des conséquences, car entre nous une étincelle d'amour reprenait vie. Dieu a fait ressurgir ces faits pour les mettre en lumière, pour que je puisse être libérée, pour que tous les doutes que j'avais soient levés. De ses aveux, le pardon a pu naître. Comment Didier pouvait-il connaître la réaction que cela allait susciter chez moi ? Seul Dieu le savait : « **Car il n'est rien de caché qui ne doive être découvert, rien de secret qui ne doive être connu et mis au jour** » Marc 4.22.

Je me rends compte à quel point la parole de Dieu, celle contenue dans les Ecritures, est importante : elle prend tout son sens en la mettant en pratique ; elle nous évite de nous mettre en danger ; elle a été donnée pour notre bien. Toutes les épreuves qui nous arrivent, même si parfois elles nous semblent sévères, ne servent qu'à notre édification : « **Nous savons, du reste, que toutes choses concourent au bien de ceux qui aiment Dieu, de ceux qui sont appelés selon son dessein.** » Romains 8.28. Le Seigneur doit parfois aussi briser à coup de marteau notre cœur endurci.

La faille de notre mariage

Je me suis mise aussi à chercher ce qui avait amené Didier à se laisser prendre au piège de la séduction d'autres femmes.

A plusieurs reprises dans notre vie de couple, il m'avait prouvé la réalité de son amour : je l'avais vu effondré à l'annonce du cancer que j'avais développé, il semblait très affecté à l'idée de perdre celle qu'il aimait.

Quand il y a eu un différent entre le dirigeant de l'association de danse et moi, il s'était montré si présent, cherchant sans cesse à me défendre et me soutenir. J'avais vraiment ressenti un amour profond pour moi. Qu'est-ce qui avait bien pu le pousser à l'adultère ? C'est en lisant un livre : « Les langages de l'amour » de Gary Chapman, que je l'ai découvert.

Ce livre m'a fait prendre conscience de l'existence de différents langages d'amour. Chacun possède un réservoir affectif, celui-ci se vide ou se remplit suivant ce que nous apportons l'un à l'autre.

Je m'applique alors à découvrir le langage d'amour de Didier : le toucher. Je commence alors à comprendre : durant toutes ces années où je m'étais consacrée à nos enfants, j'avais vraiment mis mon mari de côté, bien sûr involontairement. Comme j'ignorais l'existence de ce réservoir affectif, jamais je n'ai pensé que celui de Didier se vidait. J'étais présente, je faisais toutes sortes d'ouvrages et il ne lui manquait rien… sauf qu'il avait besoin de se sentir aimer : comme par exemple, sentir mes mains sur sa peau… Pour moi tout allait bien : je recevais de l'amour de nos enfants, mon langage étant les moments de qualité, mes enfants étaient toujours présents, je ne souffrais pas de manque d'amour. Mais pour mon mari c'était très différent : il travaillait, rentrait tard, n'avait pas toujours envie de s'occuper des enfants, il voulait sa femme mais elle n'était pas disponible. Ma priorité étant les enfants, je leur accordais toutes sortes de « privilèges » que je refusais souvent à mon mari.

Le gros souci que nous avions aussi était le manque de dialogue ! Nous n'exprimions pas ce que nous ressentions. Des années sont passées, des femmes ont commencé à le séduire pour que son réservoir d'amour puisse se remplir. C'était pour lui la solution à son problème, si bien qu'il ne manquait pas d'amour pour moi !

Je me suis aussi aperçue que j'avais reproduit exactement le même schéma de rupture des premiers mois de notre rencontre. Je voulais lui montrer que l'amour n'est jamais acquis, mais lui ne le voyait pas du tout ainsi ; il pensait tout autrement. Je n'en avais pas connaissance, puisque le dialogue entre nous était quasiment absent. Nous avancions tous les deux, persuadés l'un et l'autre de savoir où nous voulions en venir par nos comportements… mais certainement pas à une rupture. Comment se comprendre sans communiquer clairement.

Ce que Dieu m'a fait saisir !

Je me rends compte aujourd'hui, avec le temps, que je me suis contentée de ce que j'avais reçu en étant jeune, sans aller fouiller et vérifier dans les Ecritures ce qu'elles disaient en réalité. Je me suis fait juste une vague idée de Dieu, m'appuyant sur ce qu'on m'avait raconté, sans jamais chercher plus loin! Je n'ai pas fait, hélas, comme les gens de Bérée en Actes 17.11 **« Ces Juifs avaient des sentiments plus nobles que ceux de Thessalonique ; ils reçurent la parole avec beaucoup d'empressement, et ils examinaient chaque jour les Ecritures, pour voir si ce qu'on leur disait était exact. »** Aujourd'hui j'en ai le désir brûlant de faire comme ces gens de Bérée, je ne me lasse pas de découvrir jour après jour les Ecritures.
Depuis mon enfance, certes, j'avais bien saisi que Jésus est le Fils de Dieu, et je le croyais ; qu'il était mort sur la croix pour nos péchés ; qu'il était ressuscité et remontait au ciel. Mais dans mon esprit d'enfant il n'était plus là, on ne pouvait plus le voir. J'ai poursuivi ma route avec cette vision, j'avançais en toute ignorance et sans chercher à vérifier si l'enseignement et les coutumes de la religion étaient vrais. Je ne pensais pas que deux mille ans plus tard les miracles existaient encore, pourtant ce que je venais de vivre relevait du miracle.

Je me souviens d'ailleurs d'une pensée très forte que j'avais eue il y a quelques années en visionnant le film « Jésus de Nazareth ». J'aurais aimé vivre à cette époque pour voir et suivre Jésus (ce qui révèle bien mon ignorance). Je sais que Dieu sonde les cœurs. Il m'a montré que même au vingt-et-unième siècle nous pouvons toujours suivre Jésus!

Le mail révélant la conduite de Didier a vraiment été un élément déclencheur du pardon. Je suis passée d'un état de pleurs et de tristesse à un matin d'allégresse, ne provenant pas d'un bienfait des hommes, mais de façon surnaturelle.

La tempête aussi subite et violente que le baiser avait provoqué, quelques années plus tôt, n'était-elle pas que la colère de Dieu ? Ce n'était pas un signe de délivrance, comme je l'avais pensé à cet instant-là, ce qui m'entraina d'ailleurs dans une mauvaise histoire. Et sa colère avait-elle pris fin le soir du mail, avec mes pleurs de profonde détresse ? « **Car sa colère dure un instant, mais sa grâce toute la vie ; le soir arrivent les pleurs, et le matin l'allégresse.** » Psaume 30. 6. Ce matin-là, lorsque ce pardon est devenu possible, j'étais vraiment dans l'allégresse.

Dieu a saisi cette opportunité - la détresse dans laquelle j'étais plongée - pour me permettre de m'approcher de lui ! En se manifestant à moi, il me permettait de retrouver la crainte de l'Eternel, reçue lorsqu'il avait écrit ses commandements sur les tables de mon cœur d'enfant!

Ma conversion s'est produite instantanément, comme ce jour unique de la création où Dieu dit : « **Que la lumière soit et la lumière fut. Dieu vit que la lumière était bonne; et Dieu sépara la lumière d'avec les ténèbres** » Genèse1.3-4. La lumière n'est autre que Jésus. Ce qui se passe en nous est comme une séparation instantanée du bien et du mal, le péché devient comme un acte qui dégoûte. Les jours et les années qui suivent, servent à remettre en place tout le désordre de notre vie passée... si toutefois on se laisse modeler ! Les Ecritures deviennent alors lumière et vérité, notre chemin s'éclaire.

Après ma conversion, je suis passée aussi par beaucoup de souffrances, car mon entourage ne saisissait pas ce qui se passait dans ma vie. Il ne me croyait pas, mais j'ai reçu la capacité de résister : « **Le Dieu de toute grâce, qui vous à appeler en Jésus-Christ à sa gloire éternelle, après que vous aurez souffert un peu de temps, vous perfectionnera lui-même, vous affirmera, vous fortifiera, vous rendra inébranlables.** » 1 Pierre 5.10 !

Aujourd'hui nous ne pouvons plus revenir sur notre passé pour le changer. Dieu se sert de nos souvenirs pour nous avertir, nous corriger, nous redresser. La souffrance que nous avons connue est sortie de nous. « Pour ceux d'entre nous qui connaissent Dieu, la souffrance est un processus qui tend vers un certain but. Sachons bien que nous ne sortons pas des moments difficiles ; ce sont les moments difficiles qui sortent de nous-mêmes pour faire revêtir la beauté de Jésus-Christ. Et c'est très bien. » (Extrait : « Des ancres dans la tempête » de Joe Stowell.)

Jésus est passé par l'humiliation, par la croix pour exalter la gloire de son Père. Nous découvrons que nous sommes dépendants et faibles, nous ne sommes que des pécheurs. Seul Dieu peut nous accorder le salut. Seul le Messie peut nous transformer et nous régénérer par sa puissance divine ; son sang versé à la croix nous délivre de nos péchés et brise la malédiction ; Christ vit en nous, c'est aussi cela la résurrection : « **Car la prédication de la croix est une folie pour ceux qui périssent ; mais pour nous qui sommes sauvés elle est une puissance de Dieu.** » 1 Corinthiens 1.18.

J'ajouterais aussi ce verset de 1 Pierre 4.1-2 : « **Ainsi donc, le Messie ayant souffert dans la chair, vous aussi armez-vous de la même pensée. Car celui qui a souffert dans la chair en a fini avec le péché, afin de vivre, non plus selon les convoitises des hommes, mais selon la volonté de Dieu, pendant le temps qui lui reste à vivre dans la chair.** » Je peux affirmer que commettre un adultère, alors que durant une grande partie de ma vie j'ai affirmé que cela ne m'arriverai jamais, fait souffrir notre chair. Lorsque je me suis repentie et sentie pleinement pardonner de Dieu, je ne désirais plus vivre comme par le passé et en finir avec le péché. Une seule chose comptait pour moi : glorifier Dieu.

Révélations de Didier

Je me dois aussi d'écrire un peu ce que mon mari m'a révélé sur sa vie avec Dieu depuis son enfance.

Tout comme moi, il a reçu une éducation catholique, avec une petite différence : son père était assidu aux messes. Didier allait au catéchisme et à la messe, mais plus par obligation. Cela ne l'intéressait pas vraiment, il préférait même se laisser entraîner dans de mauvais coups, ce qui lui valu quelques belles punitions !

Il était le dernier d'une famille de trois enfants ; au fil du temps sa position dans la fratrie, ainsi que ses études de médecine, ont favorisé le développement de l'orgueil chez lui. Son entourage l'avait mis sur un piédestal, et inconsciemment moi aussi. Je le représentais avec cette étiquette : « médecin = homme respectable, intouchable ». Je le voyais comme un homme bien au-dessus de moi, cultivé et il avait forcément raison lorsqu'il s'imposait !
Un jour, lorsque sa tromperie a été découverte, le piédestal sur lequel il était bien installé se brisa aux yeux de ceux qu'il avait de plus chers : sa femme et ses enfants.

Il s'est rendu compte de ce qu'il avait commis. A plusieurs reprises, il essaya de se séparer de cette femme, venue semer le trouble dans notre foyer. Comme il restait sans cesse à son contact et que les choses ne s'amélioraient pas au niveau de notre couple, il revenait toujours vers elle, par dépit, ne pouvant pas rester sans contact physique... Jusqu'au jour où il a dû quitter notre foyer ! Il était vraiment devenu

malheureux. Il avait essayé tant de choses pour me retrouver et rien n'avait réussi. La situation avait même plutôt empiré !
A plusieurs reprises, lui aussi avait eu envie de se suicider, tellement il allait mal.

Sa conscience a commencé à se réveiller à l'occasion du mariage de ma nièce au mois d'août. Lui aussi avait tendu l'oreille au message du pasteur (celui transcrit au chapitre 2), mais c'était juste comme le vent qui passe. Il avait écrit ceci dans le livre d'or des jeunes mariés :

« Chers R. et P.
Vivre ce moment avec vous, au cœur de l'action a été un plaisir et aussi un privilège. Ce moment a ressourcé mon âme proche de la perdition, et vous remercie de ce cadeau, c'est un peu paradoxal non ?
Je vous souhaite une vie comblée de bonheur et de ne jamais oublier ce jour et surtout son sens et sa signification, les moments difficiles le seront moins si ce jour fleurit dans votre esprit telle une plante qui nous offre des fleurs tout au long de l'année.
Didier (le photographe) »

Ce message reflétait vraiment la conscience qu'il avait de s'être perdu. Il revoyait le sens de l'engagement du mariage par ce jour qui venait de s'écouler !
Ce jour-là, Didier revient pour un court temps vivre dans notre foyer. Pourtant, ni lui, ni moi ne discutons de ce message qui nous avait touchés tous les deux le même jour, au même moment. Ce message reste comme suspendu dans le temps, en attendant qu'il murisse secrètement dans nos esprits.

Cependant, deux mois plus tard, Didier repart avec ses affaires : les disputes sont trop violentes, et mon mari me fait peur ; cette fois le mot « fin » est sur nos lèvres.

Tant que le divorce n'est pas prononcé, je reste sur mes gardes concernant ses faits et gestes.

Début décembre (donc trois mois et demi après le mariage de ma nièce), devant notre échec de retour à la vie conjugale, Didier se rend en Guadeloupe avec cette femme, cause de notre trouble. Mais cette fois, ses vacances ont un goût amer : il se fait piquer par un moustique et contracte la « dingue », ce qui l'oblige à garder le lit durant deux jours, dans un état délirant.

Un matin, alors qu'elle prend une douche, il allume la télévision et la chaîne retransmet le culte d'une église protestante. Sa conscience est de nouveau travaillée, comme un appel. Le voyant contrarié et ne le sentant plus attiré par elle, sa « copine » lui pose cette question : « Est-ce que ta femme te manque ? », il lui répond aussitôt : « Oui, énormément ! ».

Ils rentrent tous les deux en se séparant une nouvelle fois. Ce voyage lui ouvre les yeux sur ce qu'il a perdu ; en fait, la présence de cette femme n'est qu'une bouée de sauvetage, qui ne lui permet même plus de tenir la tête hors de l'eau !

Vient alors la veillée de Noël, Didier la passe chez sa mère, mais ce soir-là, il part de bonne heure. Ne pouvant rester seul, il a repris contact avec sa précédente relation, qui elle aussi travaille avec lui mais au bloc opératoire. Il passe une grande partie de la nuit avec elle. Au petit matin, à son réveil, sans pouvoir en expliquer la raison, il veut absolument se rendre au culte où il pourrait entendre le pasteur du mariage de ma nièce. Il cherche sur internet. Il se rend dans une église, mais l'endroit ne l'inspire pas. De sa voiture, il observe les allées et venues, seules quelques personnes âgées entrent dans ce bâtiment. Il renonce donc et m'envoie quelques messages au sujet de ses intentions. Ce matin-là, la neige recouvre la campagne. C'est une magnifique journée pour Didier qui prend plaisir à photographier des cygnes sur le lac gelé, même dans sa solitude.

Grâce à mon beau-frère, nous l'informons que le culte où il veut se rendre n'aura lieu que le lendemain et dans une église africaine ; il attend donc patiemment ce jour-là.

De mon côté, je ne sais rien de ce qui se passe et de ce qui lui prend.

Didier me raconte, toujours par texto, le déroulement du culte où il s'est rendu : il avait dansé avec les Africains ; le pasteur l'avait invité à manger avec lui. Tout ceci ne lui ressemble pas, mais il a l'air de découvrir quelque chose qu'il ne connaissait pas auparavant, une force venue d'ailleurs qui le relève. Durant toute la semaine suivante il ne me parle que du Seigneur. Je sais qu'il n'a pas la Bible, puisqu'elle est toujours dans ma table de chevet. Il retourne au culte le dimanche suivant. Jadis, il avait tant critiqué mes sœurs à ce sujet ! Il a l'air totalement transformé et le dialogue entre nous redevient possible !

Didier venait de se convertir, il avait subitement changé de direction. Qu'est-ce que la conversion ? Ce n'est pas un changement de religion ; c'est le passage à une conduite nouvelle, une conviction venue du Très Haut et qui nous permet d'affirmer que Jésus est le Fils de Dieu et Didier y croit !
Jamais il ne m'expliqua clairement ce qui c'était réellement passé, comme par pudeur... jusqu'au soir où nous assistons à un concert d'un pasteur canadien. Durant la pause, un des musiciens témoigne : il évoque son passé, la drogue, il a rejeté ses parents chrétiens...et il a conscience d'avoir son âme en perdition. Alors qu'il est à l'agonie, il ressent, durant une nuit, que Jésus le visite au plus profond de son être, et se met à crier au Seigneur : « Retire-toi de moi, car je n'en puis plus, ce que je commets est horrible! ». Alors au petit matin, il se lève et jette toute la drogue qu'il possède chez lui pour ne plus jamais y toucher. Et il donne sa vie au Seigneur. Il pose

alors cette question au public : « Quelqu'un parmi vous, a-t-il déjà ressenti cela ? ». Quelques-uns lèvent la main. A ma grande surprise, la main de mon mari est levée ! Jamais il ne m'avait révélé ce qui s'était passé en ce jour nouveau pour lui : Jésus était venu le visiter et lui aussi avait crié : « Seigneur, retire-toi de moi ! », tant le fossé entre Dieu et lui est immense.

Dans les Ecritures, nous lisons en Luc 5.4-11, l'expérience de Simon :

« Lorsqu'il (Jésus) eut cessé de parler, il dit à Simon : Avance en pleine eau, et jetez vos filets pour pêcher. Simon lui répondit : Maître, nous avons travaillé toute la nuit sans rien prendre ; mais sur ta parole, je jetterai le filet. L'ayant jeté, ils prirent une grande quantité de poissons, et leur filet se rompait. Ils firent signe à leurs compagnons qui étaient dans l'autre barque de venir les aider. Ils vinrent, et ils remplirent les deux barques, au point qu'elles s'enfonçaient. Quand il vit cela, Simon tomba aux genoux de Jésus, et dit : Seigneur, retire-toi de moi, parce que je suis un homme pécheur. Car l'épouvante l'avait saisi, lui et tous les ceux qui étaient avec lui, à cause de la pêche qu'ils avaient faite. Il en était de même de Jacques et de Jean, fils de Zébédée, les associés de Simon. Alors Jésus dit à Simon : ne crains point ; désormais tu seras pêcheur d'hommes. Et, ayant ramené les barques à terre, ils laissèrent tout, et le suivirent. »

Simon avait vécu la même expérience en présence de Jésus : la sainteté du Seigneur avait fait naître cette conviction de péché et avait suscité la crainte de L'Eternel (« l'épouvante l'avait saisi »). Simon a tout abandonné et suivi Jésus !

Ce que Didier a vécu en ce jour ne s'explique lui aussi qu'à la lumière des Ecritures. Plus de deux mille ans après le passage de Jésus sur terre, nous pouvons encore constater les mêmes miracles !

J'ai retrouvé la carte que Didier m'avait remise le jour de mon anniversaire, celle que je considérais comme un cadeau empoissonné. Je suis restée stupéfaite à sa relecture : le message contenu n'était pas ordinaire. A ce moment-là, notre couple était complètement à la dérive, mais Didier me parlait d'éternité. Cet étrange message qui n'attira pourtant pas mon intention, me montre aujourd'hui l'œuvre de Dieu dans le cœur de Didier :

« Il fait toute chose belle au moment voulu. Il a même mis dans leur cœur la pensée de l'éternité, même si l'homme ne peut pas comprendre l'œuvre que Dieu accomplit du début à la fin ».Ecclésiaste 3.11

Le tourment

Peu de temps après notre baptême, et sans pouvoir me l'expliquer vraiment, je me sens tourmentée, comme un combat intérieur. De mauvaises pensées ne cessent de venir contredire ce que me révèle la Parole de Dieu, je ne me sens pas en paix. Je me pose toutes sortes de questions. J'en parle au pasteur. Mais rien à faire : je n'arrive pas à me dégager de ce qui est venu me tourmenter à ce point.

Un songe surgit au petit matin : « j'étais dans une petite chambre. Dans cette pièce ne se trouvait que notre lit conjugal. Dans ce lit était assis mon ancien ami, il avait les bras croisés et ne voulait en aucun cas sortir de ce lit. J'avais dans mes mains une clé. Je cherchais dans le lit les manettes qui auraient pu le faire fonctionner, car il fallait que ce lit passe et sorte par une porte étroite. »

Troublée de nouveau par ce rêve, je cherche ce qu'il peut bien vouloir dire. Durant mon footing, je me souviens avoir lu dans la Bible un passage qui parle du lit conjugal. De retour chez moi, avec l'aide de la concordance biblique, je recherche ce verset que je trouve en Hébreux 13.4 : **« Que le mariage soit honoré de tous, et le lit conjugal exempt de souillure, car Dieu jugera les débauchés et les adultères. »**

Je téléphone alors à une amie et lui explique ce rêve, ainsi que ce que je viens de lire. Elle me pose la question : « As-tu souillé ton lit conjugal ? » Je lui réponds qu'hélas oui. Je comprends alors que même si cela appartient désormais au passé, je ne peux plus dormir dans ce lit, avec mon mari à côté.

Ce n'est pas une mince affaire que d'expliquer mes pensées à Didier. Sur le moment, il ne saisit pas l'importance que j'y attache et il se met même en colère de ce que je lui explique. Il me demande jusqu'où je compte aller ainsi. Pourtant Dieu m'a parlé et je dois lui obéir. Dans le songe, il me donnait la clé, elle n'est autre que la foi qui nous permet de mettre en pratique ce que Dieu nous demande. La porte étroite n'est autre que Jésus, le verset en Luc 13.24 nous le précise : *« Efforcez-vous d'entrer par la porte étroite. Car, je vous le dis, beaucoup chercheront à entrer et n'en seront pas capables. »* Ce lit doit sortir de cette chambre, tout lien avec le passé doit être brisé et restauré, je veux retrouver la pureté initiale de notre chambre nuptiale ! Les jours passent et je me sens de plus en plus mal.

Ce matin-là, il fait gris et dans la maison nous ne sommes qu'à deux. Les enfants sont en visite chez des amies. Je me mets à lire un passage de la Bible, comme chaque matin, et m'effondre en larmes : même cela je n'y arrive plus. Didier se met alors à prier pour moi et reçoit la vision d'une roue de moulin à eau venant écraser la pierre qui l'empêche de la faire tourner. Suite à cette vision, il me prend par la main et me dit : « Allez viens m'aider, sortons ce lit de la chambre et allons le brûler dans la pâture. » Par cette image reçue, Didier venait de saisir l'importance d'éliminer cet élément pesant. Le moyen qui nous était donné par Dieu : l'unité dans le même chemin pour pouvoir écraser cette pierre qui m'empêchait d'avancer ! Place à un lit neuf, que plus personne ne viendra souiller et pour la gloire de notre Seigneur ! Je saisis à travers cette épreuve que Dieu veut nous sanctifier.

Un doux châtiment

Après le dernier marathon à Londres, je continue de courir mais seule cette fois. Je ne me prépare plus que pour des petites distances. La course que j'envisage est une course de village : le jogging des fraises. Pour la première fois depuis que j'ai rechaussé mes baskets, Didier m'accompagne pour me prendre en photo et m'encourager. C'est une course où les femmes partent en premier, suivies des hommes avec un départ retardé de dix minutes. Je suis en grande forme et me surpasse, impressionnant par la même occasion mon mari. A ma demande, il s'empresse d'envoyer à mon entraineur des photos de mon exploit. Mon coach a un blog de publications des courses des athlètes du club.

Jour après jour, je consulte son blog, mais aucune photo n'apparaît. Au bout de quatre jours, je me sens agacée de ne pas rien voir apparaître sur ma course. Ma conscience me montre alors que je développe de l'orgueil face à mes courses : je veux afficher mon image et mes exploits au club. Didier reconnaissait souvent qu'il était orgueilleux mais j'avais l'impression de ne pas connaître ce comportement néfaste qui déplait fortement à Dieu. Je réalise alors ce qu'est l'orgueil et qu'il m'affecte aussi.

Dans le même temps, je me pré-inscris au marathon de Bruxelles peu coûteux, histoire de me préparer pour l'épreuve que je me suis mise en tête : le marathon de Jérusalem, la ville Sainte de notre Seigneur ! Il me faut trois mois de préparation. Juste avant de demander un planning d'entrainement à mon coach, une violente douleur me prend dans le bassin à l'occasion d'un footing. Je peux à peine prendre appui sur ma jambe. Pensant à de la fatigue, je me repose et attends quelques jours avant de reprendre le jogging. Même scénario, cette fois je boite et la marche devient très douloureuse. Une consultation chez le médecin du sport s'impose, il est perplexe. Didier lui propose de faire une IRM. Nous nous rendons sur place pour prendre un rendez vous. Les radiologues nous annoncent qu'ils ont rencontré des soucis avec les appareils, ce qui les ont contraints à renvoyer tous les patients de la journée, mais leur installation vient de reprendre toute leur fonction ce qui leur permet de me faire passer de suite. Après l'examen, on m'invite à passer dans la salle à côté pour un scanner. Diagnostic : fracture de fatigue du col du fémur. Même si dans un premier temps je trouve injuste de me retrouver au repos forcé : je rêvais de me préparer pour une nouvelle course en solitaire, je commence à m'interroger sur ce qui m'arrive. Cette fois, en examinant la situation, je vois l'action de Dieu : beaucoup de choses me reviennent en mémoire. Mon Seigneur ne voulait plus que je fasse des marathons, et je commence à saisir le pourquoi. En réfléchissant à ce que ces courses suscitent en moi, je décèle de l'orgueil, des dépenses d'argents démesurées et inutiles, beaucoup de temps consacré aux entrainements et aussi de la fatigue. Je comprends que j'ai déjà perdu suffisamment de temps aux yeux de Dieu, et que je ne suis pas soumise à Sa volonté ! Je saisis que Dieu m'aime, Il veut juste me châtier, comme l'exprime ces versets : « **Mon fils, ne méprise pas le châtiment du Seigneur, et ne perds pas courage lorsqu'il te reprend ; car le Seigneur châtie celui qu'il aime, et il frappe de la verge tous ceux qu'il reconnaît pour ses fils.** » Hébreux 12.5-6. Je consens alors, et accepte le châtiment qui me semble finalement doux et juste. Je peux marcher et me déplacer, mais je ne peux plus courir. Désormais, lorsque je pourrai à nouveau reprendre les courses, je n'entreprendrai plus de marathon. Je ne ferai que travailler mon endurance et ma volonté à persévérer dans l'épreuve, car « L'endurance est la capacité de vivre sous tension, jusqu'à ce que l'œuvre de Dieu s'accomplisse. » (Extrait Des ancres dans la tempête de Joe Stowell)

Voyage en Israël

Un dimanche, en arrivant à l'église pour le culte, un prospectus sur la table de l'entrée attire mon regard. Sa lecture me met en joie : il s'agit d'un voyage en Israël ! Il ne reste qu'un seul exemplaire et sans me poser de question, je le prends… comme une invitation !

Un ami s'était rendu récemment en Israël et nous avait fait un exposé photos de son voyage. Cela avait suscité chez moi l'envie d'y aller. Jusqu'à présent, je ne m'étais que peu intéressée à ce pays et ce peuple. Je lis régulièrement la Bible comme si elle n'était écrite que pour moi, sans voir qu'avant tout elle relate l'histoire de Dieu et son peuple ! Même si ce que j'ai appris sur le peuple juif durant mes années d'études, plus particulièrement sur la shoah, a suscité beaucoup de larmes devant tant d'injustices, je ne comprends pas grand chose à toutes ces guerres se déroulant dans ce pays. Pourquoi tout cet antisémitisme encore de nos jours ? J'ai pourtant l'impression qu'en moi de telles pensées existent peut-être car la méconnaissance que j'ai de cet état d'Israël ne me permet pas d'être enthousiaste et confiante envers ce peuple !

J'ai des murs à abattre !

Plusieurs fois, Didier me demande : « Où veux-tu aller pour les vacances d'avril ? ». Je lui réponds constamment : « En Israël », mais apparemment ce voyage ne l'attire pas trop. Notre dernière fille refuse d'ailleurs catégoriquement de nous accompagner là-bas, ce que je peux comprendre car moi-même, auparavant, j'aurai refusé, par crainte, de me rendre dans ce pays, les médias ne nous y encouragent pas non plus.

Les semaines passent, gardant toujours cette idée de côté. Le mois d'avril s'approche doucement, un nouveau lieu de vacances est proposé : une semaine dans le chalet des beaux-parents de ma sœur. Nous y étions déjà allés, l'endroit est charmant et plait bien à notre fille. Seulement voilà, un incendie endommage une partie du chalet et il devient inutilisable pour quelques mois. L'idée tombe à l'eau ! Il nous reste encore un mois pour nous décider, bien que je ne démorde pas de ce voyage en Israël, comme convaincue.

Nous avons invité un couple d'amis pour le repas chez nous et avant de passer à table, notre ami nous lance : « Cela ne vous intéresse pas d'aller en Israël ? Il reste deux places ! » La phrase qui vient de retentir envahit mon cœur de joie, je sais maintenant que Dieu nous y appelle vraiment!

Ce que je ne savais pas, c'est que quelques jours auparavant, Didier s'était entretenu avec notre plus jeune fille au sujet de ce voyage. Elle avait accepté, non pas de venir avec nous, mais de rester chez ses grands-parents durant notre absence. Le matin même, avant la venue de nos amis, Didier avait téléphoné à l'agence de voyage pour savoir s'il restait des places. Il voulait me faire une surprise pour mon anniversaire !

La parole de notre ami, a convaincu aussi Didier que Dieu nous invite en Terre Sainte !

C'est le voyage le plus riche et impressionnant que je n'ai jamais fait ! Plus les jours s'écoulent et plus la présence de Dieu devient palpable. L'histoire et les Ecritures prennent une autre dimension, tous ces lieux foulés par les pieds de Jésus prennent vie dans mon esprit. Les pierres, les vallées et les montagnes parlent de Lui ; toutes les explications et informations données par notre guide sont palpitantes ! Le regard que je portais sur ce peuple change ! Jamais je n'ai senti une paix aussi profonde ; moi qui m'attendais à découvrir un pays en guerre, je constate avec surprise un mélange de villes juives et arabes en paix.

Un soir, une rencontre est proposée autour d'un témoignage d'une femme juive messianique. Mon cœur est profondément touché lorsqu'elle prononce cette phrase : « Tu pleures pour tes enfants mais quand vas-tu pleurer pour les enfants d'Israël ? » Cette parole que Dieu lui a adressée, résonne en moi comme une réalité. Je prends conscience que je pleure sans cesse pour que mes enfants connaissent le salut en Jésus mais jamais je ne pense à ce peuple et aux enfants d'Israël, jamais je ne prie pour la paix de Jérusalem ! Dieu cherche des hommes et des femmes pour consoler son peuple : « **Consolez, consolez mon peuple, dit votre Dieu.** » Esaïe 40.1

Je n'avais pas conscience non plus que si je tiens aujourd'hui une Bible entre les mains, c'était parce que ce peuple avait su garder la parole de Dieu oralement puis par écrit selon sa volonté, de générations en générations, malgré toutes les persécutions qu'il avait subies et subissait encore .

Jésus était juif, c'est ce peuple qu'il est venu visiter. Les apôtres ont résisté face à l'adversité et obéi pour que cette Parole arrive à toutes les extrémités de la terre, comme il est écrit en Actes 13.47 : « **Voici, nous nous tournons vers les païens. Car ainsi nous l'a ordonné le Seigneur : Je t'ai établi pour être la lumière des** nations, pour porter le salut jusqu'aux extrémités de la terre. » Le peuple juif ou hébreux pour remonter jusqu'à Abraham (père de la foi), est la racine de notre foi, l'olivier franc sur lequel nous avons été greffés. Nous n'avons rien à leur prendre, mais plutôt tout à apprendre d'eux, comme l'expriment les versets de Romains 11.17-24 : **« Mais si quelques-unes des branches ont été retranchées, et si toi, olivier sauvage, tu as été greffé à leur place, et si tu as participé à la racine de l'olivier, ne te glorifie pas aux dépend des branches ; si tu te glorifies, sache que ce n'est pas toi qui porte la racine, mais que c'est la racine qui te porte. Tu diras donc : des branches ont été retranchées, afin que moi, je sois greffé. Fort bien ; elles ont été retranchées à cause de leur manque de foi, et toi, tu subsistes par la foi. N'aie pas de pensées hautaines, mais de la crainte ; car si Dieu n'a pas épargné les branches naturelles, il ne t'épargnera pas non plus. Considère donc la bonté et la sévérité de Dieu : sévérité envers ceux qui sont tombés, et bonté de Dieu envers toi, si tu demeures dans cette bonté ; autrement, toi aussi tu seras retranché. Eux de même, s'ils ne demeurent pas dans l'incrédulité, ils seront greffés ; car Dieu est puissant pour les greffer de nouveau. Si toi, tu as été coupé de l'olivier naturellement sauvage et, contrairement à ta nature, greffé sur l'olivier franc, à plus forte raison eux seront-ils greffés selon leur nature sur leur propre olivier. »**

Je commence à percevoir que les traductions et la religion peuvent nous conduire dans de fausses doctrines. Je ressens l'envie de m'approcher et découvrir ce peuple que Dieu a choisi pour nous transmettre sa Parole.

Lorsque j'ai quitté ce pays et pour la première fois j'avais l'impression de quitter mon pays, ma maison… Il a fait de nous des témoins de l'amour qu'Il porte à Israël et je découvre mes racines !

Jérusalem : lorsque cette ville s'est offerte à nos yeux, j'ai trouvé cette image magnifique, impressionnante, surprenante bien au-delà de ce que je m'imaginais. Je me suis mise à repenser à ce marathon que je voulais faire dans cette ville. Je ne peux que remercier le Seigneur de m'avoir épargnée cette course, qui m'aurait value bien des soucis. Mes choix se sont toujours portés sur des villes sans relief. Et là, j'étais en train d'admirer une ville bâtie sur des collines. Il en avait décidé autrement pour nous amener à Jérusalem, lui seul sait ce qui nous convient, ce qu'il y a de meilleur pour notre vie.

Quelques mois après notre retour d'Israël, j'ai eu l'opportunité de participer à une initiation de l'hébreu : je découvre les lettres et toute la richesse qu'elles contiennent. Les Ecritures sont un véritable trésor caché, et Dieu donne à l'homme le souci de ce qui est caché, il se laisse découvrir à ceux qui le cherche vraiment, et Jésus nous l'a annoncé : « **Et moi, je vous dis : Demandez, et l'on vous donnera ; cherchez et vous trouverez, frappez et on vous ouvrira** » Luc 11.9

Avec cette approche de l'hébreu, j'ai réalisé qu'il était important d'aborder les Ecritures avec un regard juif plutôt qu'un regard grec pour mieux les comprendre et changer notre fonctionnement de penser. D'ailleurs quelques mois plus tard, l'Esprit Saint attira mon attention sur le verset suivant : « **vous adorez ce que vous ne connaissez pas ; nous, nous adorons ce que nous connaissons, car le salut vient des juifs.** » Jean 4.22. Dans cette parole, Jésus me révèle que le peuple juif connaît mieux que quiconque le cœur de Dieu et que c'est vers lui que je dois me tourner pour apprendre à mieux le connaître, ils sont nos frères aînés.

Et notre union ?

Aujourd'hui, Didier et moi avons encore un long chemin à faire bien que nos mains se soient rejointes et que notre amour soit renouvelé. Notre vie n'est pas toujours facile et je sais aussi que : « **Votre adversaire, le diable, rôde comme un lion rugissant, cherchant qui il dévorera.** » 1 Pierre 5.8, mais notre Seigneur nous donne aussi les moyens de tenir ferme : « **Au reste, fortifiez-vous dans le Seigneur,**

et par sa force toute-puissante. Revêtez-vous de toutes les armes de Dieu, afin de pouvoir tenir ferme contre les ruses du diable. » Ephésiens 6.10-11.

Que ce soit à la maison ou au travail, le dialogue est de rigueur même s'il engendre parfois des conflits, l'essentiel étant toujours de garder Jésus au centre de notre vie, car « **la corde à trois fils ne se rompt pas facilement** » Ecclésiaste 4.12. La Parole de Dieu est remplie de promesses, à nous de nous les approprier, en honorant, respectant et craignant notre Dieu, tout en travaillant notre salut, car Sa parole est Vérité ! Didier a eu l'opportunité de changer de lieu de travail laissant derrière lui son passé. Par la même occasion, cela m'a permis de travailler à ses cotés en tant qu'infirmière, à l'accueil du patient. Cette nouvelle union au travail, nous rapproche davantage. Depuis des années, Didier souhaitait que je travaille avec lui, par la grâce de Dieu, cela est devenu possible.

« **Maintenant donc ces trois choses demeurent : la foi, l'espérance, l'amour ; mais la plus grande de ces choses, c'est l'amour.** » 1 corinthiens 13.13

« **Crois au Seigneur Jésus, et tu seras sauvé, toi et ta famille** » Actes 16.31

Psaume 73.2 et 28 : « **Pour moi, il s'en fallut…d'un rien que mes pas n'aient glissé… Mais pour moi m'approcher de Dieu est mon bien ; j'ai mis ma confiance dans le Seigneur, l'Eternel, pour raconter tous tes faits.** »

BIBLIOGRAPHIE

Voici tous les livres qui m'ont aidée à comprendre tout ce qui s'est produit dans ma vie :

La Bible Segond, nouvelle édition de Genève 1979 et la Bible Thompson

Choisir le pardon de Nancy Leigh Demoss, édition la Maison de la Bible

Ces mensonges qu'on nous fait croire et les vérités qui nous libèrent de Nancy Leigh Demoss, édition la Maison de la Bible

En colère contre Dieu de Michele Novotni et Randy Petersen, Farel éditions

Tout pour qu'il règne de Oswald Chambers, édition LLB

Des ancres dans la tempête de Joe Stowell, les ministères RBC

L'offense, l'arme cachée de Satan de John Bevere, éditions Vida

Les langages de l'amour de Gary Chapman, Farel éditions

Méditations quotidiennes pour le couple de Gary Chapman, Farel éditions

L'amour plus grand que tout d'Henry Drummond, éditions Jeheber

Enfin j'y clair de Robert Blancou, éditions Emeth

Les bénédictions de la Torah de Larry Hugh, éditions Vida

Oui, je veux morebooks!

i want morebooks!

Buy your books fast and straightforward online - at one of world's fastest growing online book stores! Environmentally sound due to Print-on-Demand technologies.

Buy your books online at

www.get-morebooks.com

Achetez vos livres en ligne, vite et bien, sur l'une des librairies en ligne les plus performantes au monde!
En protégeant nos ressources et notre environnement grâce à l'impression à la demande.

La librairie en ligne pour acheter plus vite

www.morebooks.fr

VDM Verlagsservicegesellschaft mbH
Heinrich-Böcking-Str. 6-8   Telefon: +49 681 3720 174   info@vdm-vsg.de
D - 66121 Saarbrücken   Telefax: +49 681 3720 1749   www.vdm-vsg.de

www.ingramcontent.com/pod-product-compliance
Lightning Source LLC
Chambersburg PA
CBHW031319150426
43191CB00005B/268